어떻게
부를
얻을 것인가

일러두기
* 본문 중 수록된 명언은 앤드루 카네기의 어록에서 발췌하였습니다.

흔들리는 시대, 흔들리지 않는 부의 원칙

앤드루 카네기 지음 · 이주만 옮김

어떻게 부를 얻을 것인가

차례

1장 ✦ 썰물 뒤에는 반드시 밀물이 온다

가난은 부의 양분이다 — 013
+ 그날의 다짐 — 014
+ 1달러 20센트로 얻은 것 — 015
+ 진짜 어른의 꿈 — 017
+ 가난이라는 유산 — 019

기회는 밀물처럼 찾아온다 — 022
+ 일찍 일어난 새가 기회를 잡는다 — 023
+ 철도와의 만남 — 025
+ 하늘이 준 기회 — 027

부로 향하는 길 — 030
+ 신용이라는 자산 — 031
+ 꿈을 이루다 — 032

2장 ✦ 썰물은 배를 준비할 기회다

가난을 기회로 바꾸는 사람이 부를 얻는다 　　　　041
+ 빈손으로 시작하는 자가 가장 멀리 간다 　　　　042
+ 가난은 진보의 기반이다 　　　　044
+ 인생 목표를 설정하라 　　　　046
+ 진짜 성공을 이루는 선택 　　　　049

성공하는 사람들만 아는 비밀 　　　　053
+ 진짜 경쟁자는 누구인가 　　　　054
+ 부자가 되는 첫 번째 습관 　　　　056
+ 모든 것은 저축에서 시작한다 　　　　058
+ 돈의 노예가 아닌 주인이 되어라 　　　　061

3장 ✦ 배를 띄우기 전, 부의 흐름을 읽어라

돈을 이해하면 부의 길이 보인다   069
+ 돈의 탄생   070
+ 변하지 않는 돈의 법칙   073

부는 어떻게 만들어지는가   079
+ 부를 창조하는 사람들의 공통점   080
+ 부자와 빈자는 같은 배를 타고 있다   082
+ 부와 동맹을 맺어라   086
+ 백만장자를 적으로 만들지 마라   087

부의 지형을 먼저 파악하라   091
+ 경쟁을 두려워하지 마라   093
+ 지금 이 시스템에서 성공하라   096

4장 ✦ 밀물 때를 놓치지 않는 법

기회의 파도는 준비된 자에게만 온다   105
+ 꼭대기를 바라보는 사람이 되어라   106
+ 하늘은 스스로 돕는 자를 돕는다   110
+ 성공을 가로막는 함정들   115
+ 스스로 파도를 헤치는 힘   119

지식의 돛을 펼쳐라   127
+ 세상은 실력 있는 자를 알아본다   128
+ 지식이 당신의 가치를 결정한다   129
+ 도서관에서 답을 찾아라   131
+ 폭 넓게 읽고 깊이 생각하라   133

5장 ✦ 배의 주인이 되어 항해하라

당신만의 배를 띄워라   141
+ 꾸준함이 천재를 이긴다   145
+ 투기의 유혹에 빠지지 마라   147
+ 일단 시작하라   148

사업가가 되면 세상이 넓어진다   151
+ 세상 전체를 읽는 사업가의 눈   153
+ 진짜 사업가의 조건   155

6장 + 진정한 부는 나눌 때 완성된다

함께 노를 젓는 법   165
+ 같은 배를 탄 동반자와 협력하자   167
+ 세 다리 의자   172
+ 함께 나아갈 때 모두가 이긴다   175

진정한 부자가 되는 길   181
+ 존경받을 만한 사람이 되어라   182
+ 어떤 부자로 기억되고 싶은가   185
+ 부자로 죽는 것은 수치다   189
+ 지혜롭게 베푸는 부자가 세상을 바꾼다   190
+ 스스로 돕는 자를 도와라   194
+ 베풀수록 더 큰 부가 돌아오는 이유   198

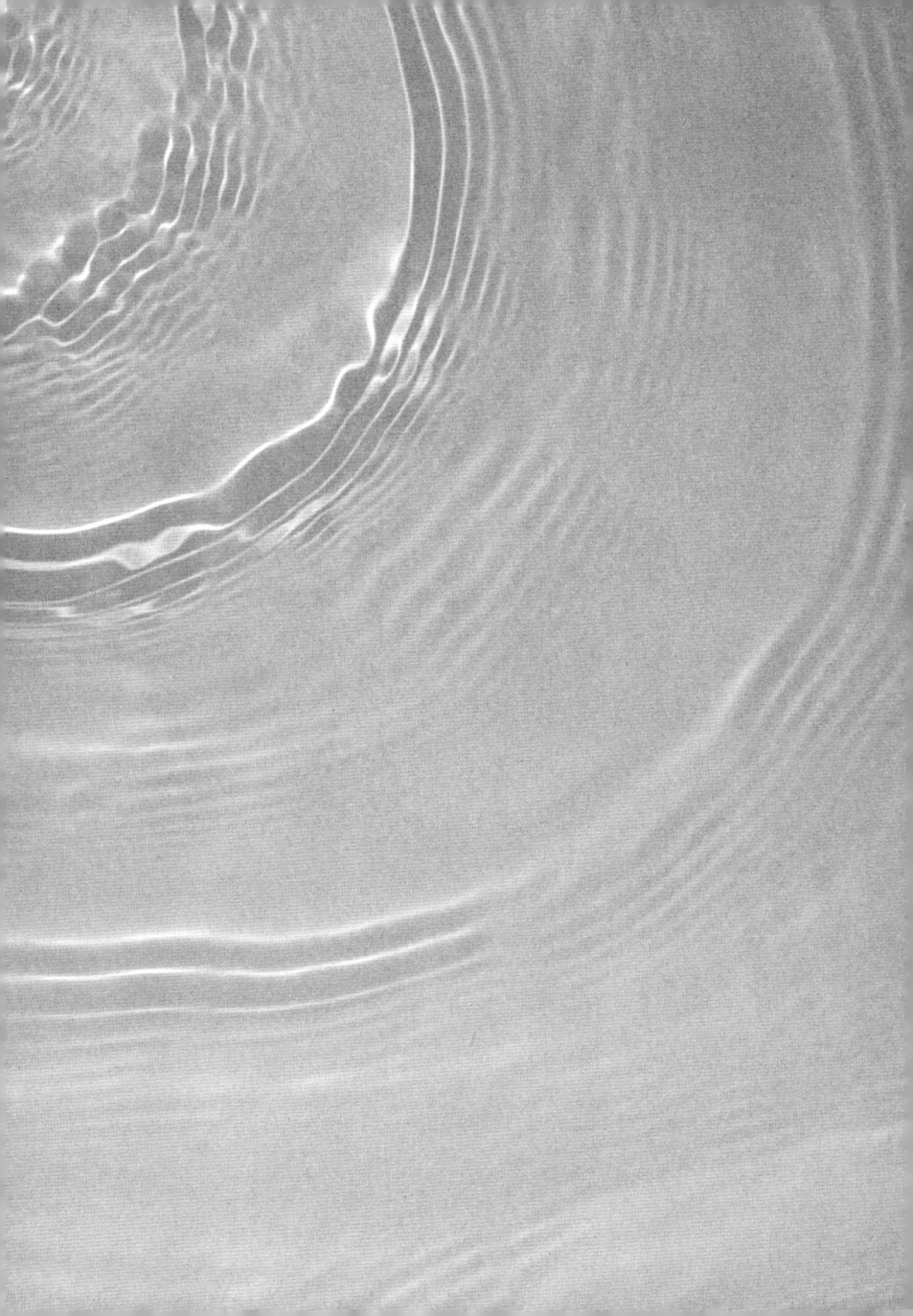

1장

✦

썰물 뒤에는
반드시 밀물이 온다

가난은 부의 양분이다

✳
✳
✳

사업가로서 현재 이 자리에 있기까지 어떻게 일을 익혔는지 이야기하는 것은 내게 큰 기쁨이다. 그 이야기를 하기에 앞서 다음 질문에 먼저 답하는 것이 좋겠다. '왜 사업가가 되었을까?' 만약 하고 싶은 일을 마음대로 고를 수 있었다면 장담컨대 사업가는 절대 선택하지 않았을 것이다.

가난한 부모님의 맏아들로 태어난 덕분에 나는 생계를 꾸리느라 어릴 때부터 사회에서 여러 일을 배웠다. 일찍부터 부모님을 도왔고 하루빨리 어른이 되어 가족을 책임지는 것이 내 할 일이라고 생각했다. 따라서 내게 중요한 질문은 '내가 하고 싶은 일이 무엇인가?'가 아니라 '내가 할 수 있는 일이 무엇인가?'였다.

그날의 다짐

✢

내가 태어났을 때 아버지는 스코틀랜드 던펌린에서 꽤 잘나가는 직물 장인이셨다. 아버지 작업장에는 직조기가 네 대나 있었고, 아버지 밑에서 일을 하며 기술을 배우는 직공도 여럿이었다. 그때는 아직 공장에서 증기 동력으로 리넨 천을 생산하기 전이었다. 도매상들이 주문을 받아 아버지 같은 직물 장인을 고용해 실을 제공하고 직물을 짜는 방식으로 작업이 이루어졌다.

공장에서 기계로 직물을 생산하는 시스템이 자리 잡으면서 수작업이 자연스레 줄어들었고, 아버지도 시대의 변화로 고통을 겪었다. 그러던 어느 날, 아버지가 마지막

작업물을 도매상에 납품하고, 더는 할 일이 없다는 사실에 참담한 얼굴로 집으로 돌아오셨다.

당시 나는 겨우 열 살이었지만 그 모습은 내 마음속 깊이 새겨졌고, 나는 살면서 처음으로 중요한 다짐을 하게 되었다. '할 수만 있다면 가난이라는 늑대를 우리 집안에서 몰아내야겠다.'

1달러 20센트로 얻은 것
+

결국 부모님은 미국 이민을 결심했다. 오래된 직조기를 팔고 친척들이 사는 피츠버그 쪽으로 건너가기로 한 것이다. 아버지와 어머니는 당신들이 힘들 것을 뻔히 알면서도 오로지 두 아들에게 더 나은 기회를 주고자 미국행을 결정하셨다. 자식의 행복을 위해 당신들의 꿈을 모두 버렸다는 사실을 나중에 알고 나서 나는 부모님을 떠올릴 때마다 절로 경외심이 솟았다.

우리 가족은 피츠버그로 이주했고 아버지는 방직공장에서 일을 시작하셨다. 나도 곧 아버지를 따라 공장에 '보빈 보이'(방직공장에서 실을 감는 어린 수습공을 가리키는 말_옮긴이)로 취직했다. 사업가로 가는 첫걸음을 뗀 셈이다.

내가 받은 주급은 1달러 20센트였고, 그때 나이가 고작 열두 살이었다. 첫 주급을 받았을 때 느낀 자부심은 말로 다 할 수 없다. 내 손으로 1달러 20센트를 벌었다. 세상에서 쓸모 있는 일을 했다는 뜻이었다! 더는 부모님께 손만 벌리는 자식이 아니라 가족의 생계를 돕는 어엿한 구성원이 된 기분이었다.

제 손으로 돈을 버는 경험이야말로 아이에서 어른으로 성장하고, 나아가 참된 인간으로 거듭나는 가장 **빠른** 길이다. 스스로 번 돈으로 자신의 쓸모를 확인하는 경험은 삶의 전부나 다름없다.

그날 이후 셀 수 없이 많은 돈을 만졌다. 수백만 달러를 일구며 느낀 기쁨도 크지만, 그날 1달러 20센트를 손에 쥐었을 때 느낀 기쁨에는 비할 바가 아니다. 그 돈은 정직하게 땀 흘린 노동의 대가였으며 고된 일주일의 수고를 의미했다. 일이 너무 힘들어서 노예처럼 일했다고 해도 과언이 아니지만, 일하는 이유와 목표가 있었기에 그저 노역이 아니라 숭고한 노동으로 받아들일 수 있었다.

진짜 어른의 꿈
+

월요일부터 토요일까지 매일 새벽같이 일어나 아침을 먹고, 낯선 거리로 나가 공장까지 혼자 가서 어둑한 새벽부터 일을 시작했다. 점심시간에 고작 40분 쉬고 다시 어둠이 내릴 때까지 꼼짝없이 일만 했으니 열두 살 소년에게는 참으로 고된 나날이었다.

그래도 나는 어리고 꿈이 있었다. 내 안에서 언제나 들리는 목소리가 있었다. '실 감는 일만 하며 살지는 않을 것이다. 그렇게 살 수도 없고, 그렇게 살아서도 안 된다. 언젠가 나는 더 나은 자리에 오를 것이다.'

곧 변화가 찾아왔다. 친척의 지인이 하는 실패 제조 공장에서 새로 일을 배우게 되었다. 아직 열세 살이 되기 전이었다. 처음에는 방직공장보다 더 힘들었다. 내가 맡은 일은 지하실에서 보일러에 연료를 공급하는 일이었다. 내가 자칫 실수하면 공장 전체가 날아갈 수도 있었다. 얼마나 걱정이 되던지 오죽하면 한밤중에도 자다가 깨어 일하는 시늉을 하곤 했다.

하지만 집에서는 내가 얼마나 애를 쓰고 있는지 내색하지 않았다. 가족들 앞에서는 언제나 밝은 얼굴만 보여주고 싶었다. 내 자존심이 걸린 문제이기도 했다. 어린 남동생만 빼고 우리 가족은 모두 열심히 일했고, 서로 좋은 얘기만 할 뿐 누구도 힘든 티를 내지 않았다.

진짜 어른은 징징대지도 않고, 포기하지도 않는다. 그럴 바에야 차라리 죽음을 택하는 게 옳다고 생각했다. 어머니는 홀로 집안일을 끝내고 나면 신발을 꿰매는 부업으로 매주 몇 달러를 벌곤 하셨다. 아버지도 공장에 다니며 고생하셨다. 감히 내가 무슨 불평을 할 수 있었겠는가?

가난이라는 유산

+

사람들은 가난을 크나큰 불행으로 여겨 불평한다. 돈을 많이 벌어 부자가 되어야 행복하고, 보람 있는 삶을 살고, 더 많은 것을 성취할 거라고 생각한다. 그러나 가난한 이의 소박한 집이 부자의 화려한 저택보다 더 진정한 만족과 참된 삶, 더 풍요로운 경험을 줄 때가 많다. 시중드는 사람들에 둘러싸여 자라는 부잣집 아들딸을 볼 때마다 나는 안타까운 마음이 든다. 그 부잣집 아이들이 살면서 무엇을 놓치고 있는지 모른다는 사실이 차라리 다행이라고도 생각한다.

물론 그 아이들에게도 다정한 부모님이 계실 테고, 어쩌면 부모님의 사랑을 부족함 없이 받는다고 느낄지 모른다. 하지만 그 아이들이 누리지 못하는 복이 있다. 가난한 집 아이에게 아버지는 언제나 친구이자 스승이자 본보기다. 그리고 어머니는 양육자이자 선생님으로 언제나 아이 곁을 지킨다. 이는 귀하디귀한 인생의 보물이다.

정직한 가난의 가정에서 누리는 따뜻함과 행복과 순수가 어떤 것인지 나는 잘 안다. 복잡한 걱정거리 없이, 남들을 시기하거나 질투하지 않고 오로지 가족의 생계를 위해 모두가 사랑으로 똘똘 뭉쳐 일한다.

바로 이런 이유로 나는 부잣집 아이들을 보며 측은하게 여기고, 가난한 집 아이들을 보며 다행으로 여긴다. 가난한 이들 사이에서 강인하고 뛰어난 사람, 자립심이 강한 사람들이 그토록 많이 나온 이유도 바로 여기에 있다. 역사에 남을 위인들은 대부분 가난이라는 소중한 유산을 물려받고 태어났다.

요즘에는 세계 어디서나 가난을 없애고 싶은 모양이다. 사치를 없애는 데는 흔쾌히 동의할 수 있다. 하지만 가난을 무조건 배척하고 퇴치한다면 정직함과 근면함, 극기심 같은 덕목을 배양해 더 높은 인류 문명을 이룩할 터전을 무너뜨리는 셈이다.

Poverty was my fate, but wealth was my choice.
가난은 내 운명이었지만, 부는 나의 선택이었다.

기회는 밀물처럼 찾아온다

✳
✳
✳

세 번째에 행운이 찾아온다는 말처럼, 세 번째로 이직한 곳에서 마침내 구원의 손길을 만났다. 나는 열네 살에 피츠버그 전신국에서 전보 배달부로 일하게 되었다. 그곳에서 나는 새로운 세상에 발을 들였다. 창문으로 환한 빛이 들어오고, 책이며 신문, 연필, 펜, 잉크, 메모지가 구비된 사무실은 청결했다. 문화가 가득한 공간에서 일할 수 있다니 세상에서 가장 행복한 소년이 된 기분이었다.

다만 하나 걸리는 게 있다면 도시 지리를 잘 몰라서

해고당하면 어쩌나 하는 걱정뿐이었다. 전보 배달부라면 당연히 전보를 전해야 하는 회사와 주소를 훤히 알아야 했다. 하지만 나는 피츠버그가 낯설었다.

우선 주요 거리 상점들을 순서대로 외우기로 마음먹었다. 눈을 감고도 거리의 상점을 차례로 떠올릴 수 있을 때까지 노력했다. 얼마 후에는 피츠버그의 주요 거리들을 모두 외울 수 있게 되었고 그제야 마음이 편안해졌다.

일찍 일어난 새가 기회를 잡는다
✚

야심 있는 전보 배달부라면 누구나 전신 기사가 되고 싶어 했다. 나를 비롯해 전보 배달부 소년들은 전신 기사들이 출근하기 전에 아침 일찍 사무실에 나가 몰래 통신기기를 만지며 전보 치는 법을 연습했다. 다른 전신국에 있는 소년들도 나처럼 연습 중이었기에 곧 그들과도 모스 부호로 이야기를 나누게 됐다.

어느 날 아침, 필라델피아 전신국에서 피츠버그 전신국으로 신호를 보내는 소리를 들었다. 사망 전보였다. 당시에 부고 소식은 특히 중요하게 다뤘으므로 내가 이 전보를 받아야겠다고 생각했다. 그래서 소식을 받아 적고, 전신 기사가 출근하기 전에 배달까지 마쳤다. 이 일이 있었던 후로 전신 기사들은 가끔 나에게 일을 도와달라고 부탁하곤 했다.

예민한 귀를 타고난 덕분에 나는 곧 소리만 듣고도 모스 부호를 알아듣는 법을 익혔다. 그 당시에는 그렇게 하는 사람이 매우 드물었다. 덕분에 나는 회사 사람들의 주목을 받아 전신 기사로 승진했다. 전신 기사가 되어 받은 월급이 25달러, 그러니까 연봉 300달러였는데 일 년 동안 우리 가족이 먹고살기에 부족함이 없을 만큼의 거금이었다. 내가 공장에서 일할 때 목표했던 연봉이 바로 300달러였는데 마침내 목표를 이룬 것이다.

철도와의 만남

✦

얼마 후에는 부업이 생겨 소득이 더 커졌다. 당시 피츠버그에 있는 여섯 개 신문사는 모두 전신으로 전송되는 소식을 바탕으로 기사를 작성했다. 모스 부호로 뉴스가 들어오면 전신국 직원 한 명이 매주 6달러를 받고 각 신문사에 배포할 기사 초안을 작성했다.

한 직원분이 나에게 주급 1달러를 줄 테니 자신이 작성한 초안을 여섯 부 베껴달라고 했다. 나는 그 제안을 흔쾌히 받아들였다. 늘 신문을 보며 공부하고 글을 써서 신문에 투고하기를 좋아했기 때문이다. 매일 저녁 신문사 기자들이 내가 준비한 기사 초안을 가지러 왔다. 덕분에 나는 그 똑똑한 친구들과 친분을 쌓았다. 게다가 주당 1달러를 용돈으로 벌었는데, 이건 가족 생활비로 쓰지 않고 내가 챙겨도 좋은 돈이었다.

본업 외에 추가로 일을 하고 돈을 벌었으니 이것이 '사업'이 아니면 무엇이겠는가. 회사에서 받은 연봉은 정규 업무에 따른 것이지만, 신문사에 뉴스를 전달하고 번 돈은 내가 창출한 사업적 성과였다. 매주 1달러를 받을 때마다 스스로 대견했다.

펜실베이니아 철도 회사가 뉴욕에서 피츠버그까지 철도를 완공했다. 그리고 얼마 후에 장차 탁월한 경영으로 이름을 날리는 토머스 A. 스콧이 피츠버그 사업부 책임자로 부임했다. 스콧은 알투나에 있는 본사 총책임자와 소통할 때마다 전신국을 찾았고, 나는 이때 스콧 씨를 알게 되었다.

펜실베이니아 철도 회사에서 자체 전신망을 구축했을 때, 스콧 씨는 내게 자신의 비서이자 전신 기사로 일해 달라고 제안했다. 나는 피츠버그 전신국을 그만두기로 했다. 전신국 일은 안정적이긴 해도 새로운 미래를 꿈꾸는 젊은이에게는 위험한 무덤일 수도 있었다. 이렇게 해서 나는 철도와 인연을 맺게 된다.

하늘이 준 기회

✢

철도 회사로 이직하고, 그때 월급도 크게 올랐다. 월급이 25달러에서 무려 35달러로 뛰었다. 나는 펜실베이니아 철도 회사에서 총 13년간 일했다. 그사이 스콧 씨는 부사장으로 승진했으며 나는 그의 후임으로 피츠버그 사업부 책임자가 되었다.

스콧 씨는 자상한 분이었고 나를 무척 아끼셨다. 어느 날 스콧 씨가 투자할 데가 있으니 500달러를 마련할 수 있느냐고 물었다. 그 순간 내 사업 본능이 발동했다. 상사와 함께 사업 투자를 할 기회가 열렸는데, 이를 마다한다면 하늘이 준 기회를 걷어차는 꼴이라고 생각했다. 나는 재빨리 대답했다.

"예, 구할 수 있을 것 같습니다."

스콧 씨는 이렇게 말했다. "좋아, 그럼 준비하게. 최근 세상을 떠난 지인이 애덤스 익스프레스 철도 회사의 주식 10주를 가지고 있었는데, 자네가 그걸 사줬으면 좋겠네.

주당 50달러니까 전액을 마련하지 못하면 내가 부족한 금액을 도와주겠네."

가족 전체의 자산이 500달러도 안 됐으니 참으로 난감한 상황이었다. 하지만 우리 집에는 늘 믿음직한 분이 있었다. 어머니의 배짱과 수완은 우리를 실망시키는 법이 없었다. 어머니라면 어떻게든 돈을 마련하실 거라고 믿었다.

스콧 씨가 우리 집 형편을 알았다면 기꺼이 돈을 빌려주셨을 것이다. 하지만 남에게 우리 가족의 가난을 드러내고 신세 지는 것은 자존심이 허락하지 않았다. 그 무렵 우리는 월세를 내지 않으려고 집 한 칸을 마련했었다. 내 기억으로는 그때 집값이 800달러 정도였다.

그날 밤, 우리 가족은 투자 문제를 놓고 회의에 들어갔다. 어머니가 단호히 말씀하셨다. "어떻게든 마련하자. 집을 담보로 잡으면 돼. 그리고 내일 아침 배를 타고 오하이오로 가서 삼촌을 만나볼게. 삼촌이라면 분명 도움을 주실 거야." 우리 가족은 어머니 말씀대로 일을 진행했다. 어머니가 삼촌을 만난 일은 당연히 잘 풀렸다. 생각해 보면 어머니는 마음먹은 일을 실패한 적이 없었다.

그렇게 나는 애덤스 익스프레스 회사 주식 10주를 소유한 주주가 되었다. 당시 애덤스 익스프레스 회사는 주주들에게 매달 1%의 배당금을 지급했다. 처음으로 5달러 수표를 배당금으로 받았을 때가 아직도 눈에 선하다. 배당금을 받은 다음 날이 일요일이었다. 나는 늘 붙어 다니는 친구들이랑 여느 일요일 오후처럼 시골로 산책하러 나갔다. 나무 그늘에서 쉬다가 나는 친구들에게 그 수표를 보여주며 말했다. "유레카! 드디어 찾아냈어!"

노동하지 않고도 돈을 손에 넣는 경험은 나와 친구들 모두에게 새로웠다. 자본에서 수익을 얻는 것은 그만큼 신기한 개념이었다. 돈이 돈을 번다는 것, 내가 아무 신경을 쓰지 않아도 저절로 황금빛 손님이 찾아온다는 사실에 친구들은 설왕설래 말들이 많았다. 누군가 나를 가리켜 '자본가'라고 부른 것도 이때가 처음이었다.

부로 향하는 길

✳
✳
✳

나는 사업가가 되기 위한 길을 꽤 순탄하게 걷고 있었다. 하루는 내 인생에서 아주 중요한 사건이 하나 일어났다. 기차를 타고 가는데 소박한 차림새의 신사 한 분이 내게 와서 말을 걸었다. 내가 펜실베이니아 철도 회사 관계자라는 말을 기차 차장에게 들었노라며 보여주고 싶은 게 있다고 했다. 그는 초록색 소형 가방에서 최초의 침대차 모형을 꺼냈다. 알고 보니 그는 발명가 우드러프 씨였다.

침대차 모형을 보자마자 나는 그 가치를 한눈에 알아

볼 수 있었다. 곧장 우드러프 씨에게 다음 주에 회사로 와 달라고 부탁했고, 함께 스콧 씨를 만났다. 늘 그랬듯 스콧 씨는 침대차의 사업 가치를 바로 꿰뚫어 보았다. 우리는 우드러프 씨와 계약을 맺고 침대차 두 량을 제작해 시험 운행하기로 했다.

신용이라는 자산

+

우드러프 씨는 떠나기 전에 나를 찾아와 자기 사업에 투자하고 지분을 갖지 않겠느냐고 제안했고, 나는 주저 없이 제안을 받아들였다. 하지만 출자금을 어떻게 마련할지 걱정스러웠다. 우드러프 씨가 침대차를 납품한 후부터 출자금을 내기로 했는데, 첫 달에 217달러 50센트를 지불해야 했다. 내게는 그만한 돈이 없었고, 결국 지역 은행에 가서 융자를 부탁했다. 담당자는 흔쾌히 대출을 승인해 주었다. 그가 내게 했던 말은 죽을 때까지 잊지 못할 것이다.

"앤드루, 당신이라면 문제없죠!"

그 자리에서 나는 생애 첫 어음을 썼다. 가슴이 벅차올랐다. 내가 명실공히 '사업가'가 되었다는 사실에 이제 누가 토를 달겠는가. 처음으로 어음에 내 이름을 썼다는 사실이 중요한 게 아니라 은행에서 나를 '믿을 만한 사람'으로 인정했다는 것이 무엇보다 중요했다.

이후로는 침대차 사업에서 들어오는 수익으로 대출을 상환했다. 우드러프 침대차 회사에 투자한 덕에 처음으로 제법 큰 돈을 벌었다.

꿈을 이루다
✛

얼마 후에 나는 피츠버그 사업부 책임자로 임명되어 고향 피츠버그로 돌아갔다. 당시에는 철도 교량의 재료로 다들 목재를 사용했지만, 펜실베이니아 철도 회사는 주철로 교량을 놓는 작업을 시험하고 있었다. 나는 목재 다리의 시대가 저물 것을 예감하고 피츠버그에서 철교 건설 회사를 설립하기로 했다. 우리는 키스톤 브리지 공장을 설립해 큰 성공을 거두었다. 오하이오강을 가로지르는 철교를 비롯해 이후로도 굵직굵직한 철교를 제작했다.

이 사업으로 나는 제조업에 발을 들였고 철교 제작을 기반으로 내 모든 사업이 전개되었다. 한 사업의 성공이 다음 사업의 성장을 이끌었다. 이로써 나는 '수습 기간'을 마무리하고 본격적인 사업가의 길로 들어섰다. 펜실베이니아 철도 회사 임원 자리를 그만두고 이때부터는 온전히 내 사업에 전념했다.

남 밑에서 월급 받고 일하는 건 나랑 맞지 않았다. 철도 회사 임원으로 남는다면 꼬박꼬박 월급은 받겠지만 여러 사람 비위를 맞추어야 했을 것이다. 설령 사장이 된다 해도 종종 이사회의 반대에 부딪혀 내 최선대로 경영하지는 못했을 것이다. 그리고 이사회가 동의하더라도 주주들의 불만까지 잠재울 수 있다는 보장이 없다. 남의 회사이므로 자기 신념대로 운영할 수도 없다.

내가 주인이 되어 내 손으로 가치 있는 걸 만들고, 많은 이에게 일자리를 주는 것이 내 꿈이었다. 피츠버그 사람이라면 만들 건 하나뿐이었다. 철과 강철. 그때 피츠버그는 이미 철강 산업을 선도하며 미국 최고의 '철의 도시'로 이름이 높았다.

고맙게도 내 곁에는 똑똑하고 소중한 사업 동료들이 있었다. 대부분 어릴 적 친구들이었고 그중 몇몇은 예전에 내가 배당금으로 받은 5달러 수표를 보고 놀랐던 그 친구들이다. 창업 이후 우리는 하루가 다르게 발전하는 미국 철강 시장의 수요를 충족하기 위해 해마다 사업을 키워 나갔다.

사업을 안정적으로 유지하고 싶은 마음도 들었다. 하지만 성장을 멈추면 경쟁에서 밀리는 법이다. 그때나 지금이나 철강업계에서는 기술 발전과 혁신이 워낙 빨라 경쟁이 치열했다. 우리 앞에는 끊임없이 새로운 도전과 과제가 펼쳐졌다. 철강업계에서는 성장을 멈추는 순간 뒤처진다. 성장은 선택이 아니라 필수였다. 혁신과 성장을 지속한 덕분에 지금 피츠버그에서는 철이 세계 그 어느 나라보다도 저렴하다. 미국은 세계에서 철을 가장 많이 생산하는 강국이 되었다.

The high tide will come.
On that day, I will go out to the sea.

반드시 밀물은 온다.
바로 그날, 나는 바다로 나갈 것이다.

2장

✦

썰물은 배를 준비할 기회다

가난을 기회로
바꾸는 사람이 부를 얻는다

✳
✳
✳

　부를 쌓는 것은 세상의 이치다. 돈을 모으는 것이 세상의 이치인 이유는 소수의 예외를 제외하면 젊은이들이 대부분 가난하게 태어나기 때문이다. 그렇기에 "네 이마에 땀을 흘려야 빵을 먹으리니"라는 삶의 법칙을 따라 구원받아야 한다.

　요즘 세상은 가난이 나쁜 것이라 규정하며, 금수저를 물고 태어나지 않은 젊은이들을 동정하는 추세이다. 하지만 나는 "젊은이가 물려받을 수 있는 유산 중에 최고는 가난이다"라고 말한 미국 대통령 제임스 가필드의 신념에 전적으로 동의한다.

빈손으로 시작하는 자가 가장 멀리 간다

+

세상을 이끄는 교사나 순교자, 발명가, 정치가, 시인, 사업가는 백만장자나 귀족의 자녀가 아니다. 선하고 훌륭한 이들은 대부분 가난한 집안의 오두막에서 태어났다. 인류 역사에 길이 남을 불멸의 이름이나 인류에 이바지했던 인물들을 떠올려 보라. 가난이라는 학교에서 각오를 다지고 가난을 자양분 삼아 성장하지 않은 이가 있는가? 부모에게 물려받은 막대한 재물은 도덕적으로나 지적으로나 그 자질을 퇴보시키고 사람의 정신과 능력에 치명적인 해를 끼친다.

만약 여러분 중에 전력을 다해 생계를 유지할 필요 없는 젊은이가 있다면, 나는 그를 깊이 동정한다. 만약 그 젊은이가 다른 부유한 상속자들과 달리 스스로 떳떳하게 돈을 벌고 국가에 유익한 삶을 산다면 그때는 동정심이 아니라 존경심을 품고 그에게 머리를 숙일 것이다. 물려받은 부를 둘러싼 모든 유혹을 극복한 사람은 세상의 소금 같은 존재이므로 갑절의 칭송을 받을 자격이 있다.

아침 일찍 출근해서 저녁까지 일하는 가난한 청년을 불쌍히 여길 일이 아니다. 명예로운 노동을 부여받지 못한 부잣집 자녀를 오히려 동정해야 한다. 우리가 연민과 슬픔을 느낄 대상은 일하느라 정신없이 바쁜 사람이 아니라 아무 일 없이 한가하게 지내는 사람이다.

영국의 평론가이자 역사가인 토머스 칼라일은 "자기 일을 찾은 사람은 행복하다"라고 말했다. 나는 이렇게 말하고 싶다. "열심히, 오래 일해야 하는 사람이 행복하다."

한 위대한 시인은 "가장 큰 사랑을 베푸는 자가 신에게 최고의 기도를 올리는 사람이다"라고 읊었다. 언젠가 이 시를 인용해 이렇게 말할 날이 올지도 모른다. "일을 가장 잘한 사람이 신에게 최고의 기도를 올리는 사람이다."

하루하루 일을 성실하게 해내는 것 자체가 신에게 올리는 훌륭한 기도다.

가난은 진보의 기반이다

✢

요즘 "가난을 근절하자!"라고 외치는 이들이 많다. 하지만 그건 불가능한 일이다. 우리 곁에는 늘 가난한 사람이 있을 것이다. 빈곤을 없애버리면 인류는 어떻게 될까? 진보하고 발전할 일이 사라질 것이다. 부유층에만 의존해야 하는 미래를 생각해 보라. 선량하고 훌륭한 인물들이 더는 나오지 않을 것이며 인류 사회는 미개한 시대로 퇴보할 것이다. 사치품을 없애는 것은 환영이지만, 인품과 덕성을 기르는 토양인 정직한 가난만은 그대로 두어야 한다.

운 좋게도 가난한 집에서 태어났다면, '내가 이 사회 일원으로서 무슨 일을 할 수 있을까? 어떻게 하면 남이 베푸는 자선에 의지하지 않고 의식주를 스스로 해결할 수 있을까?'라며 스스로 질문하고 시급히 답을 찾아야 한다. 즉, 무엇을 하며 살아야 하는지 찾아야 한다.

무슨 일을 할지 선택할 때가 오면 좋아하는 일이나 적성에 맞는 일 중에 고민하게 될 것이다. 사업가가 되고 싶은 이도 있을 테고, 공예가가 되고 싶은 이도 있을 테다. 목사, 의사, 전기기술자, 건축가, 편집자, 변호사를 꿈꿀 수도 있다. 기자가 되기를 꿈꾸는 이도 있을 테다. 무슨 일을 좋아하고 싫어하는지는 중요한 게 아니다. 자신이 선택한 분야에서 충분히 실력을 쌓아서 그 일로 확실하게 생계를 유지할 수 있는가, 그것이 중요하다.

인류에 이바지하기로 결심하고, 공동체에 기여한 대가로 생계를 유지할 자격을 얻겠다고 마음먹었다면, 가장 중요한 의무를 명확히 이해했다고 할 수 있다. 중대한 질문과 마주하고 그 질문에 올바른 답을 찾은 것이다.

인생 목표를 설정하라

+

사람은 인생 목표에 따라 크게 네 부류로 나눌 수 있다. 첫째, 생계를 이어가려면 반드시 일해야 하고, 의식주 걱정 없이 사는 게 인생의 목표인 사람들이 있다. 그리 크지는 않아도 그림같이 아름다운 시골집 한 채와 자기 곁에서 밝게 웃어주는 반려자를 꿈꾼다. 이들이 신에게 드리는 기도는 아마도 "가난하지도 부유하지도 않게 하소서. 지나친 부에서도 지나친 가난에서도 우리를 구원하소서"일 것이다.

둘째, 부자가 되기로 결심한 사람들이 있다. 사람들의 입방아에 오르는 '백만장자' 계층에 들어가는 것이 그들의 인생 목표다. 되도록 많은 이들에게 행복을 주기 위해 일한다고 말하지만, 그가 위하는 사람은 결국 자기 자신뿐이다. 이 부류의 좌우명은 간단하다. "돈을 벌어라."

셋째, 재산도 행복도 숭배하지 않는 사람들이 있다. 이들은 '고귀한 야망'에 가슴이 뜨겁게 타오른다. 이들의 인생을 지배하는 것은 명성을 얻으려는 욕망이다. 물질적 부를 욕망하는 것보다는 덜 천박하다고 할 수 있지만, 이 욕망에는 더 강력한 허영심이 숨어 있다.

명성의 제단에는 언제나 숭배자들이 붐빈다. 내가 보기에 세상 사람들은 물욕보다는 명예욕을 더 많이 갈망한다. 이는 진심으로 기뻐할 일이다. 거스를 수 없는 진화의 법칙 아래서 인류가 천천히 올바른 방향으로 나아가고 있음을 보여주는 증거이기도 하다.

위대한 작곡가, 화가, 피아니스트, 변호사, 판사, 정치가 등 대중 앞에서 사는 이들은 대체로 돈보다는 자기 분야에서 명성을 얻는 것을 더 중요하게 여긴다. 워싱턴, 프랭클린, 링컨 같은 이들이 부자가 되는 것을 열망했을까? 아니, 그렇지 않았다! 이들의 계보를 잇는 청빈한 두 대통령 해리슨과 클리블랜드도 마찬가지다. 대법관이나 그 앞에서 변론하는 유능한 변호사는 어떤가?

위대한 설교자, 의사, 교육자는 부를 축적하는 데 정성을 쏟지 않는다. 그들이 추구하는 것은 타인을 위해 봉사할 때 얻는 명성이다. 늙어서까지, 심지어 무덤에 들어가기 전까지도 돈을 더 축적하는 데 몰두하는 부자들에 비하면 한 단계 더 진보한 것이 맞다.

넷째, 앞서 언급한 이들보다 더 고귀한 목적을 추구하는 사람들이 있다. 이들은 부의 제단도 명성의 제단도 아닌 가장 고귀한 제단, 바로 인류를 섬기는 제단 앞에 무릎을 꿇는다. 이 부류의 좌우명은 자기희생이다. 이들은 내적인 가치를 추구하는 사람들로, 대중의 인기를 추구하지 않으며 유명해지는 것에 관심이 없고 오직 옳은 일을 하는 데에만 관심이 있다.

이들은 공자의 말을 마음에 새긴다. "벼슬자리가 없는 것을 근심하지 말고 그 자리에 합당한 자격을 갖추었는지 근심하라." 이들은 가난하다고 낙심하지 않고, 부를 얻었다고 으스대지도 않는다. 이 부류에 속한 사람은 자기 양심에 부끄러운 짓을 저지를까 염려하며 매일 자신에게 주어진 책임을 다하려 애쓴다.

진짜 성공을 이루는 선택

+

결국 우리의 인생 앞에는 세 갈래 길이 놓여 있다. 좋은 길, 더 좋은 길, 그리고 가장 좋은 길. 이 세 갈래 길은 각각 본능적 가치, 정신적 가치, 신성한 가치를 추구하는 길을 나타낸다.

첫째로 본능적 가치, 즉 물질적 성공을 추구하는 길이 있다. 이 길을 가는 이들도 인류 전체에 이로움을 제공한다. 이 길을 가려면 동물적 본능을 넘어서서 절제와 근면을 배우고 자기를 단련해야 한다.

둘째, 정신적 가치를 추구하는 길이 있다. 이 길을 가는 이들은 첫 번째 길보다 더 높은 곳으로 나아간다. 이들은 저급한 물질적 보상이 아니라 눈에 보이지 않는 보상을 추구한다. 세속적인 보상이 아니라 인간의 지성과 도덕이 제공하는 보상이다. 이 길을 가는 이들은 진리를 추구하고, 수많은 선행으로 사회에 유익한 존재가 된다.

셋째, 신성한 가치를 추구하는 길은 앞서 언급한 길과

는 차원이 다르다. 가장 좋은 길을 가는 이들은 자신의 이익부터 챙기지 않고 타인을 위해 봉사하는 일을 삶의 첫 번째 의무로 삼는다. 이들은 부나 명성 같은 보상을 추구하지 않는다. 이들은 미덕을 발휘하는 것 자체가 최고의 보상이자 유일한 보상임을 알고 있다.

이 보상을 맛보고 나면 다른 보상들은 모두 쓸모없게 느껴질 뿐이다. 부와 명성은 더는 인생의 목표라는 왕좌에 앉지 못할 것이며 자신의 양심이 인정하는 가장 높은 가치만이 그 자리를 차지할 것이다. 이들은 결과를 두려워하지 않고, 어떤 보상도 바라지 않고, 오로지 충실하게 자기 의무를 다할 것이다.

자신의 기호나 양심에 따라 어떤 길을 가게 되든 크게 중요치 않다. 중요한 것은 어떤 길에든 서야 한다는 것이다. 그 길에서 자신의 의무를 다하고 그보다 조금 더 힘을 내는 것이다. 여기서 '조금 더'가 함의하는 바가 무척 크다. 어느 위대한 시인의 말처럼 최선을 다한 사람은 그보다 조금 더 해낼 수가 있다.

또한, 자존감을 소중한 보석처럼 지켜야 한다. 자존감을 높이는 일이야말로 다른 사람에게 존경받는 유일하고 참된 길이다. 그리고 이와 관련해 에머슨이 했던 말을 가슴 깊이 새겨야 한다. "스스로를 속이지 않는 한 그 누구도 당신에게서 명예로운 길을 빼앗을 수 없다."

Do your duty and a little more,
and the future will take care of itself.

맡은 바 책임을 다하고 그보다 조금 더 노력하라.
그러면 앞날은 스스로 길이 열릴 것이다.

성공하는 사람들만 아는 비밀

✶
✶
✶

　성공을 거두는 중요한 조건, 즉 성공 비결을 말하자면 열정과 생각과 자본을 오직 자신이 하는 사업에 집중하라는 것이다. 한 가지 사업을 시작했다면 그 사업에서 선두가 되겠다는 각오를 다져야 한다. 누군가 개선안을 제시하면 경청하고, 최신 기계를 도입하고, 실무 지식을 누구보다도 깊이 공부해야 한다.

　실패하는 기업은 대개 자본을 분산한 곳들이다. 그것은 곧 주의를 분산했다는 뜻이다. 하나에 집중하지 않고 이것저것에 투자한 것이다.

"모든 달걀을 한 바구니에 담지 마라"는 조언은 완전히 틀렸다. 나는 이렇게 조언한다. "모든 달걀을 한 바구니에 담고, 그 바구니를 잘 지켜라."

주변에 사업하는 사람들을 관찰해 보라. 내 조언을 따르는 사람들은 좀처럼 실패하지 않는다. 바구니 하나를 들고 잘 간수하는 일은 어렵지 않다. 너무 많은 바구니를 들고 다니면 달걀을 깨뜨리기 쉽다. 바구니를 세 개나 들고 다니려는 사람은 바구니 하나를 머리에 이고 다녀야만 하는데, 그러다가 중심을 잃거나 어디에 걸려 넘어지기 쉽다. 조급해하면 안 된다. 에머슨은 이렇게 말했다.

"결국 성공을 방해하는 것은 자기 자신이다."

진짜 경쟁자는 누구인가

+

젊은이가 짊어지기에 가장 무거운 바구니는 부모에

게 물려받은 금융 상품이 가득 담긴 바구니다. 막대한 부를 물려받은 젊은이는 그 바구니를 지고 가느라 비틀거린다. 물론, 그런 젊은이 중에도 훌륭하게 성장해 사회에 크게 이바지한 경우도 있다. 이들은 칭찬받아 마땅하다.

하지만 부잣집 자녀들은 부모의 부가 가져다준 유혹을 이기지 못하고 타락한 나머지 이 사회에 전혀 도움이 되지 않는 삶을 산 경우가 훨씬 더 많다. 자녀에게 거액의 유산을 남겨 짐을 지우는 것은 저주를 남기는 것이나 마찬가지다. 이런 부류에서는 유능한 젊은이가 경계할 만한 경쟁 상대가 나오지 않는다.

여러분을 힘들게 만들 경쟁 상대는 부유한 사업가의 자녀들이 아니라 가난한 젊은이, 여러분보다 훨씬 가난한 젊은이들이다. 학교에서 강의를 듣는 혜택을 누리지 못할 정도로 가난한 부모를 둔 젊은이를 경계해야 한다. 그런 젊은이가 회사에서 여러분을 앞지르고 정상에 먼저 도달할지도 모른다.

학교를 마치고 바로 일터로 뛰어들어 사무실 청소부

터 시작한 젊은이를 조심하라. 그 젊은이야말로 여러분이 주의해야 할 다크호스다.

부자가 되는 첫 번째 습관
+

미래의 사업가, 미래의 백만장자가 될 사람들의 공통점이 하나 있다. 지출하는 돈보다 저축하는 돈이 더 많다. 돈을 벌기 시작한 순간부터 일찌감치 저축에 힘쓴다. 아무리 적은 돈이라도 그 돈을 저축한다.

이런 사람은 돈을 안전하게 투자한다. 반드시 채권일 필요는 없지만 수익을 낼 것이라 믿을 만한 이유가 있는 곳에 투자한다. 도박은 절대 하지 않는다. 이처럼 저축하며 성실하게 일하다 보면 그 모습을 본 상사에게 드물게 인정받는 기회가 찾아올 것이다.

그가 저축한 돈은 갑부의 눈에는 푼돈처럼 보일지 몰라도 갑부에게 신용을 얻는 발판이 되기에는 충분하다.

자본가들은 저축하는 젊은이를 신뢰한다. 만약 한 젊은이가 힘들게 모은 1백 달러를 보여준다면 유능한 사업 파트너를 찾는 갑부는 그의 잠재성을 보고 1천 달러를 빌려주거나 보증을 서줄 것이다. 만약 1천 달러를 모으면, 그때는 5만 달러를 빌려줄 것이다.

자본가들이 찾는 것은 자본이 아니다. 자본을 늘리는 습관과 사업 능력이 있는 사람이다. 자본을 늘리는 가장 좋은 방법은, 근검절약하며 수입에 맞춰 생활 습관을 조정하는 것이다. 처음 모은 1백 달러가 중요하다. 지금 당장 저축부터 시작하자. 미래에 백만장자가 될 사람은 일벌처럼 부지런히 돈을 저축한다.

물론 인생의 목표는 저축보다 더 훌륭하고 고귀한 목표를 세워야 한다. 인생의 목표가 그저 부를 축적하는 것이라면 너무 천박하다. 부를 갈망하며 돈을 모으는 목적은 생전에 선행을 베풀고 훌륭한 일을 하는 데 돈이 좋은 수단이 되기 때문이다. 항상 자신의 소득 내에서 지출해야 한다. 반드시 이 원칙을 지켜야 한다는 점을 명심하자.

모든 것은 저축에서 시작한다

+

야만인과 문명인을 가르는 큰 차이점을 생각해 보면 이번 주제가 얼마나 중요한지 알 수 있다. 야만인과 문명인의 근본적인 차이점 중 하나가 바로 절약하고 저축하는 것이다. 한쪽은 절약하고 저축하는 것이 무엇인지 알고 다른 쪽은 모른다.

수백만 명이 자기가 번 소득의 일부를 매일 저축한다면, 개개인에게는 푼돈일지 모르나 모이면 엄청난 돈이 된다. 이것이 바로 자본이다. 만약 야만인들처럼 돈을 버는 즉시 모두 소비한다면 당연히 자본이 형성되지 않을 것이다. 다시 말해, 미래에 사용할 목돈이 없다.

이제 자본이 세상에서 어떤 역할을 하는지 살펴보자. 조선업자가 선박을 건조할 때 어떻게 하는가? 야심 찬 회사들은 선박을 건조하겠다며 50만 파운드의 비용을 제시한다. 비용은 선박이 시험 운항을 거쳐 만족스럽게 인도되는 마지막 순간에 지불된다.

그렇다면 조선업자는 노동력, 목재, 철강을 비롯해 선박 건조에 필요한 모든 비용을 어떻게 마련할까? 그 비용은 문명인들이 저축한 돈을 보관하고 있는 은행에서 나온다. 근면한 사람들이 투자 목적으로 모아둔 돈의 일부를 빌려주는 것이다. 개개인이 조금씩 돈을 은행에 저축해 두었고, 은행은 그 돈을 조선업자들에게 대출해 준다. 조선업자들은 그 돈을 빌려 쓴 대가로 이자를 지불한다.

공장을 짓는 일, 철도를 놓는 일, 운하를 건설하는 일을 비롯해 비용이 많이 드는 사업은 모두 똑같다. 사람들이 저축하지 않았다면 인류는 여전히 야만인 수준을 벗어나지 못했을 것이다.

저축은 인류가 발전할 수 있는 토대를 형성한다. 이 토대 없이는 철도나 운하, 선박, 전신, 교회, 학교, 대학, 신문사 등, 비용이 많이 드는 거대한 시설은 존재하지 못했을 것이다. 엄청난 가치를 지닌 물질적 성과를 달성하려면 먼저 절약하고 저축해야만 한다.

인간이 저축할 줄 모르는 야만인이었을 때는 진보를

이루지 못했고, 거대한 시설을 세우지도 못했다. 하지만 문명인은 젊어서부터 자신의 미래를 대비할 뿐 아니라 자신을 의지하는 사람들의 미래도 고려하는 것을 하나의 의무로 인식한다.

지혜롭고 선한 사람들이라면 대부분 철저히 따랐던 유익한 규칙이 하나 있다. "지출은 항상 수입보다 적어야 한다." 다시 말해, 돈을 버는 족족 탕진하는 야만인이 아니라 조금이라도 저축하는 문명인이 되어야 한다.

자긍심이 있고 자존감이 높은 사람이 남의 도움에 의지해 생계를 유지한다면 행복할 리 없고 그런 삶에 만족하지도 못할 것이다. 남에게 의지하는 사람은 성인이 되지 못한 것이고, 훌륭한 시민으로 인정받기 어렵다.

국가의 안전과 발전은 소수의 고학력자나 백만장자 혹은 다수의 빈곤층에 달려 있지 않다. 부유층도 아니고 극빈층도 아닌 일반 노동자, 그러니까 술을 멀리하고, 똑똑하고, 절약하고, 저축하며 부지런히 일하는 노동자들에게 달려 있다.

돈의 노예가 아닌 주인이 되어라

+

반드시 많은 돈을 저축해야 하는 게 아니다. 생각보다 적은 돈으로 살아가는 데 필요한 것들을 충족할 수 있다. 작은 집 한 채를 장만하고 수백 파운드만 은행에 있으면 삶이 완전히 달라진다. 백만장자까지 될 필요가 없다. 검소한 사람이라면 생각보다 훨씬 쉽게 이 목표를 성취할 수 있을 것이다.

엄청난 부를 거머쥐는 것은 전혀 다른 차원의 목표이고, 바람직한 목표도 아니다. 수백만 달러를 모으는 것은 단순히 저축으로 도달할 수 있는 목표가 아니며 우리가 반드시 지킬 의무도 아니다. 엄청난 부를 목표로 삼는 것은 결코 미덕이 아니다. 우리가 돌볼 사람들을 편안히 부양할 돈을 모으면 거기서 저축 의무도 끝난다. 수백만 달러를 축적하는 것은 저축이 아니라 탐욕이다.

물론, 필요 이상 엄청난 부가 극소수의 사람들에게 집중되는 현상을 피할 수 없다. 백만장자가 되는 것은 대체로 진취성과 정확한 판단력, 탁월한 조직 능력을 발휘한 결과이지 일반적인 의미의 저축으로 얻을 수 있는 결과가 아니다.

이미 엄청난 부를 모았음에도 노년에도 여전히 재산을 불리는 일에만 힘쓰는 사람들은 보통 젊었을 때부터 재산을 축적하는 데 길들여진 노예나 마찬가지다. 처음에는 그들이 돈을 소유하고 통제하지만, 나중에는 돈이 그들을 지배한다. 습관의 힘은 강력해서 좋은 습관이든 나쁜 습관이든 벗어나기가 쉽지 않다. 재산을 축적하는 데만 관심이 있는 부류는 문명인이 지닌 절약 습관을 올바르게 사용하지 않고 남용한 결과다.

만약 필요 이상으로 많은 재산이 생긴다면 그것을 신성한 신탁금으로 간주하고 사회 구성원들의 이익을 위해 선용할 줄 알아야 한다. 그렇다면 저축 자체가 삶의 목표가 되는 일은 없을 것이다. 사람은 항상 돈의 주인이 되어야지 돈의 노예가 되어서는 안 된다. 사람은 돈을 쓸모 있는 종으로 삼아야 한다. 돈에게 주인의 자리를 넘기고 구두쇠가 되어서는 안 된다.

사람이 해야 할 첫 번째 의무는 충분한 돈을 벌어 경제적으로 자립하는 것이다. 하지만 여기서 의무가 끝나는 게 아니다. 자신처럼 유리한 위치에 있지 않고 형편이 어려운 이웃에게 선행을 베푸는 것도 의무이다. 자기가 사는 지역의 발전에 일조하는 것도 의무이다. 그 사람은 그 지역에서 법과 제도의 보호를 받았을 게 분명하다. 여러 가지 사업을 하는 동안 법으로 보호받았기에 그와 가족이 안정적으로 생활하기에 충분한 돈을 벌 수 있었던 것이다.

필요 이상의 모든 부귀는 성장의 기회를 주고 재정적으로 성공할 수 있게 보호해 준 국가와 사회를 위해 사용하는 것이 마땅하다. 자신이 태어났을 때보다 조금 더 나은 세상을 만들려는 고귀한 동기를 품어야 한다. 남는 재산을 지역 사회를 위해 쓰며 자신의 인격을 성장시킨다면 타고난 귀족보다 더 고결한 사람의 반열에 오를 것이다.

저축하는 습관을 들이는 일이 얼마나 중요한지 그리고 그 습관을 들이는 것이 어째서 개인이 지켜야 할 의무인지 분명히 깨달아야 한다. 이 사실을 깨닫는 것도 우리에게 주어진 의무나 다름없다. 사회에 진출해 돈을 벌기 시작하면 모두 소비하지 말고 문명인답게 소득의 일부를 저축하는 데 힘쓰자.

If you want to get rich,
think of saving as earning.

부자가 되고 싶다면
저축을 수입이라 생각하라.

3장

✦

배를 띄우기 전,
부의 흐름을 읽어라

돈을 이해하면
부의 길이 보인다

✳
✳
✳

국민의 삶과 나라가 발전하기 점점 어려워지고 있다. 그 이유는 간단하다. 농민과 임금 노동자를 포함한 대중이 돈을 잘 모르기 때문이다. 그래서 나는 누구나 '돈'을 이해할 수 있을 만큼 쉽게 설명하고 싶다.

여러분 모두가 지금부터 내가 하는 이야기에 귀 기울여주기를 바란다. 노동자 한 명에게 이로운 것은 모두에게 이롭고, 한 명에게 해로운 것이라면 빈자든 부자든 모두에게 해롭기 때문이다.

이 주제를 뿌리부터 이해하려면 반드시 알아야 할 게 있다. 첫째로 돈이 존재하는 이유를 알아야 하고, 둘째로 돈이 실제로 무엇인지 알아야 한다.

돈의 탄생

+

미국의 한 도시 지역을 예로 들어 돈이 어떻게 생겨났는지 설명해 보겠다. 과거에는 사람들이 필요한 게 있으면 물건을 직접 교환하며 돈 없이도 잘 지냈다. 신발 한 켤레가 필요한 농부는 일정량의 옥수수를 내주고 신발을 샀다. 이처럼 물건을 사고파는 행위는 언제나 물건과 물건을 직접 교환하는 방식, 즉 물물교환으로 이루어졌다.

인구가 늘어나고 갖고 싶은 물건이 다양해지자 물물교환 방식이 갈수록 불편해졌다. 그러자 누군가가 잡화점을 차리고 사람들이 많이 찾는 물건들을 다양하게 갖추기 시작했다. 가게 주인은 농부가 내놓는 물건이면 무엇이든 받고 그 대가로 물건을 내주었다.

이는 획기적인 진전이었다. 대여섯 가지 물건을 구하고 싶은 농부가 자신의 물건을 원하는 사람을 대여섯 번씩 찾아다닐 필요가 없어졌기 때문이다. 이제는 바로 한 사람, 그러니까 잡화점 주인에게 가면 원하는 물건을 대부분 구할 수 있었다.

아직 달러(법정화폐)가 거래에 등장하지는 않았다. 보다시피 모든 거래가 물물을 직접 교환하는 방식이었다. 이는 무척 번거롭고 비용이 많이 들었다. 교환할 농산물을 이곳저곳 힘들게 운송해야 했고, 그 가치가 끊임없이 변동했기 때문이다.

가령, 가게 주인이 밀 한 포대를 받고 흔쾌히 일정량의 설탕을 내주었다고 하자. 하지만 다음번에도 농부가 똑같은 양으로 교환한다고 장담할 수 없었다. 밀 가치가 떨어지면 가게 주인은 동일한 양의 설탕을 내어주면서 더 많은 밀을 요구할 것이다. 모든 물건의 가치가 오르락내리락했다.

위와 같은 물물교환 거래에서 가게 주인이 농부보다 유리하다는 사실은 두말할 나위가 없다. 가게 주인은 시장 동향과 물건의 가치 변동을 농부보다 훨씬 먼저 알았고, 여느 손님들보다 시대의 흐름을 읽는 눈도 더 좋았다.

이 대목에서 눈여겨볼 부분은 농부가 가져오는 물건 중에서 가게 주인이 특히 선호하는 물건이 있었다는 사실이다. 바로 언제나 고객이 많이 찾는 물건, 즉 시장에서 수요가 높은 물건이었다. 버지니아주에서는 그 물건이 담배였고, 다른 여러 지역에서는 밀wheat이었다. "아주 좋다 As good as wheat"라는 표현도 여기서 유래했다. 밀은 가장 쉽게 다른 물건으로 교환할 수 있었기에 어디서나 환영받았다.

역사적으로 인간 사회에서 오늘날의 돈처럼 기능하는 기준 물품을 정할 때는 공통된 특성이 있다. 가격 변동이 가장 적고, 가장 널리 사용되거나 선호되는 물품이며 수요가 가장 크고, 보편적이며, 지속적인 물품, 그리고 물건 자체로 가치 있는 물품을 선택한다.

'돈'이란 다른 물건들과 교환할 때 사용하는 기준 물품을 뜻하는 말에 불과하다. 어떤 물품에 가치가 있다고 먼저 법으로 정하고 그것을 돈으로 삼은 게 아니다. 특정한 물품 자체가 그 가치를 입증하고 물물교환 목적에 가장 부합한다고 널리 인정받아서 그 물품 자체로 자연스럽게 기준 물품, 즉 '돈'이 된 것이다.

변하지 않는 돈의 법칙

+

이제 한 단계 더 나아가 보자. 인구는 더 늘었고 사람들에게 필요한 물건은 더욱 다양해졌다. 그러자 밀이나 담배처럼 부피가 크고, 가치가 수시로 변하며, 썩기 쉽고, 품질이 제각각인 물건을 돈으로 사용하는 것이 번거로울 뿐 아니라 급증하는 교환 거래에 부적합하다는 사실이 드러났다. 이러한 물건들은 돈으로 사용하기에 용이하지 않았다. 오늘날 곡물을 돈으로 사용하지 않는 이유를 생각하면 쉽게 이해할 수 있을 것이다.

돈으로 사용하기에는 금속이 훨씬 유리하다는 사실이 곧 입증되었다. 금속은 썩지 않고, 가치가 쉽게 변하지도 않는다. 금속 역시 밀과 담배처럼 교환에 쓰이는 기준 물건이라는 역할 외에 그 자체로 쓰임새가 많고 가치가 높은 물건이라는 중요한 특징을 공유한다. 게다가 금속은 장식품, 제조업, 예술 등 수많은 분야에서 수요가 있다.

금속은 시장에서 가치가 높다. 돈이 아닌 다른 용도로도 찾는 사람들이 많기 때문이다. 공급이 한정적이라 금속은 밀이나 담배처럼 공급을 쉽게 늘릴 수도 없다. 금속은 이전에 돈으로 사용되던 그 어느 물건보다 가치 변동이 적다. 교환 수단으로 사용하는 돈에 꼭 필요한 특성이 바로 가치의 안정성으로 이는 매우 중요한 특징이다.

인류는 본능적으로 저 하늘의 북극성과 가장 닮은 물건을 항상 찾았고, 하늘에서 위치 변화가 가장 적은 북극성처럼 가치 변동이 가장 적은 물건이 바로 금속이었다. 북극성이 수많은 별 사이에서 기준점이 되듯이 사람들이 돈으로 선택한 물건이 수많은 물건 사이에서 기준점이 된다. 다른 별들이 북극성을 중심으로 돌듯이 다른 물건들이 돈을 중심으로 돈다.

　　이렇게 해서 사람들은 금속을 돈으로 선택했다. 더 정확히 말하자면 금속이 스스로 돈으로서 가장 적합하다는 특성을 드러내며 자신의 가치를 입증했다. 하지만 금속이 돈으로 자리 잡기까지 또 한 번 도약이 필요했다. 정부가 나서서 일정한 양의 금속을 가져와서 주화를 생산하고 거기에 표식을 찍어 주화의 무게와 순도, 그리고 진짜 가치를 보증할 필요성을 곧 깨달은 것이다. 그렇게 해서 정부가 금속으로 돈을 찍어내는 '주화 제도'가 생겨났다. 이제 사람들은 각 주화의 가치를 한눈에 정확하게 알 수 있고, 무게를 재거나 순도를 확인할 필요도 없어졌다.

　　모든 노동자를 보호하는 데 가장 중요한 것이 돈의 가치를 안정적으로 유지하는 것이다. 돈의 가치가 수시로 변할 때 금융이나 돈의 흐름에 익숙하지 못한 노동자들이 가장 불리하다. 이런 사람들은 앞서 설명했듯이 가게 주인을 상대하던 농부와 똑같은 처지에 놓인다.

알다시피 고요한 날씨에는 물고기가 미끼를 잘 물지 않는다. 바람이 불어 물결이 일렁여야 물고기들이 가짜 미끼를 진짜로 착각한다. 세상의 장사도 마찬가지다. 물가가 오르락내리락하고, 돈으로 사용하는 물건의 가치가 오늘은 올랐다가 내일은 내려가며 시장이 혼란할 때, 영악한 투기꾼들이 물고기를 잡아 바구니를 가득 채운다.

그러니까 농부, 기술자, 그리고 작물을 팔거나 월급을 받는 사람들은 모두 돈으로 사용되는 물건의 가치 안정성을 확보하는 일에 관심이 없을 수가 없다.

과거의 물물교환 방식이 사라지고 금속으로 만든 돈으로 교환이 이루어졌지만, 오늘날에는 금속으로 된 돈마저도 거래에서 직접 사용하지 않는다. 구매자가 판매자와 거래할 때 물건을 사려고 구매자가 건네는 물건은 금이 아니라 은행에 예치한 금을 기반으로 발행한 종잇조각, 즉 수표나 어음이다.

판매자나 채권자는 왜 이 종잇조각을 받아들일까? 그 이유는 이 종이가 보증하는 실제 물건인 금을 언제든 찾아올 수 있다고 확신하기 때문이다. 또 사람들은 금 자체가 거래에 실제로 필요하지 않다고 생각한다. 왜 그런가? 어떤 물건을 사고 싶을 때 판매자 측에서 누구나 금 자체가 아닌 종잇조각을 기꺼이 받아주기 때문이다. 그리고 무엇보다 중요한 점은 모두가 기준 물건인 금의 가치가 변하지 않으리라고 확신한다는 것이다.

앞서 말했듯 기준 물건의 가치는 내려가는 것만큼이나 올라가는 것 역시 좋은 일이 아니다. 돈이 지녀야 할 특성 중 대중에게 가장 중요한 것은 가치의 불변성이다. 여기까지가 돈에 대한 이야기다.

Money is not the purpose of life,
but it is the compass that guides us in the journey.

돈은 인생의 목적이 아니라
인생의 여정에서 우리를 안내하는 나침반이다.

부는 어떻게 만들어지는가

✳
✳
✳

 돈을 벌어야 하는 문제에 대해서는 지금까지 이견이 없다. 모두가 동의하듯 사람의 첫 번째 의무는 스스로 배워서 자립하는 것이다. 다음 단계도 어렵지 않다. 자기 힘으로 먹고산다고 해서 끝이 아니다. 살면서 겪을 우여곡절, 그러니까 사고나 질병, 경기 침체 같은 상황을 고려하고 대비해야 의무를 다하는 것이다.

 지혜로운 청년이라면 이런 문제를 미리 생각해 두어야 한다. 그래서 수입의 일부를 저축해야 한다. 투기성 상품이 아닌 증권이나 부동산, 또는 합법적인 사업에 투자할 의무가 있다. 그러면 더디지만 확실하게 돈이 불어날 것이고, 비상시나 노후에 이 자금에 의지할 수 있다. 자립에 충분한 재산을 쌓고 자존감을 유지하는 것이 바람직할 뿐 아니라 의무라는 사실에 이견은 없을 것이다.

어떤 일보다 앞서 해결할 문제가 '부富'의 문제다. 수백만 달러의 부를 말하는 게 아니라 자립하기에 충분한 소득을 말한다. 경제적 자립을 생각하다 보면 자연스럽게 부의 축적이라는 논의로 이어질 것이다. 그렇다면 부란 무엇인가? 부는 어떻게 창출되고 분배되는가?

부를 창조하는 사람들의 공통점

+

거대한 석탄층은 우리 가까이에 수백만 년 동안 묻혀 있었지만 무용지물이었다. 그런데 어느 날 그 검은 돌이 불에 타면서 열을 낸다는 사실이 밝혀졌다. 그날로 사람들은 갱도를 파고, 기계 설비를 세우고, 석탄을 캐내서 세상에 내놓기 시작했다. 장작 대신에 석탄이 연료로 쓰이게 되었다. 장작을 이용할 때보다 비용이 절반밖에 들지 않았다. 그러자 모든 석탄층이 가치 있는 자원으로 순식간에 탈바꿈했다. 이로써 인류 사회에 수백억, 아니 수천억 달러어치의 새로운 부가 추가되었다.

스코틀랜드에 한 기계공이 있었다. 전해지는 이야기에 따르면 불 위에서 끓는 주전자를 가만히 바라보다가 수증기에 주전자 뚜껑이 들리는 것을 봤다. 그 이전에도 수십만 명이 똑같이 그 광경을 봤지만, 그는 다른 사람들이 보지 못했던 가능성을 봤다. 바로 증기기관이다. 증기기관이 등장하면서 이전에 쓰던 수단에 비하면 터무니없이 적은 비용으로 수많은 일을 해낼 수 있게 되었다.

세계의 부는 감히 헤아릴 수 없을 정도로 증가했다. 공동체가 절약하는 비용은 곧 물질적으로 발전하는 모든 분야에서 공동체의 부가 늘어나는 근원이다. 젊은이가 공동체에 제공하는 노동이나 서비스는 그것이 기존 방식의 비용을 절약하거나 개선하는 만큼 공동체에 이익이 되고 그에 비례해서 부를 창출한다.

사업가들은 공동체에 헤아릴 수 없는 부를 창출하고 있다. 한 사업가가 개인적으로 축적한 부는 그가 국가 전체에 안겨준 부와 비교하면 양동이에 떨어진 물 한 방울에 불과하다.

부자와 빈자는 같은 배를 타고 있다
+

영국의 전 총리 글래드스턴 씨는 오늘날과 같은 부의 성장세에서 불길한 징후를 읽는다. 하지만 나는 아무리 따져봐도 이 성장이 유익하다고 본다. 부가 빠르게 증식하고 있지만 그 부가 갈수록 많은 이에게 더 빠른 속도로 분배되고 있기 때문이다. 아울러 자본과 노동이 함께 만들어낸 산출물 중에 노동자들에게 돌아가는 몫이 이전 세대들보다 훨씬 크고, 갈수록 증가하는 추세다.

신빙성 높은 여러 연구 결과에서도 예외 없이 이 사실을 뒷받침한다. 19세기 후반 미개척 신대륙에서 몇몇 소수가 독점적으로 거대한 부를 쌓았지만, 그런 여건은 이제 사라졌다. 오늘날에는 미국에서도 막대한 부를 일구는 사람보다 재산을 잃는 사람이 훨씬 많고, 새로 부를 창출하기보다 부를 소진하는 경우가 더 많다.

따라서 휴 프라이스 휴즈 목사가 다음과 같이 비판한 것에 나는 적잖이 놀랐다. "헨리 조지(토지 사유제를 비판하고 토지 가치를 공적으로 환수해야 한다고 주장함_옮긴이)의 사상과 해법을 어떻게 생각하든, 그가 관찰한 사실은 누구도 부정할 수 없다. 카네기 씨가 말하는 '진보'는 상대적으로 운이 나쁜 사람들의 '빈곤'을 먹고 자란다."

헨리 조지는 다음 두 가지 주장을 내세운다. 첫째, 부자는 점점 더 부유해지고, 가난한 자는 점점 더 가난해진다. 둘째, 토지가 점점 더 소수의 손에 집중되고 있다. 하지만 실제로는 부자가 점차 가난해지고, 가난한 자가 점차 부유해지고 있다. 그리고 토지는 소수의 손에서 다수의 손으로 넘어가고 있다.

영국 작가 멀홀은 이렇게 말한다. "부가 소수에게 집중된다는 것은 사실이 아니다. 소수가 누리는 부의 크기는 갈수록 줄어드는 대신 매년 부유층이 확대되고 있으며 인구 비율로 볼 때 가난한 사람은 점차 감소하고 있다."

휴즈 목사가 나를 언급한 대목에 관해 말하자면 그것이 나 개인을 향한 것이 아니라 내가 속한 계층, 즉 자본가 계층을 향한 것임을 알고 있다. 하지만 내가 휴즈 목사에게 한 가지 분명하게 말하고 싶은 게 있다. 내가 말하는 진보는 빈곤의 증가를 초래하는 게 아니라 우리 국민을 더욱 부유하게 한다. 고용주가 발전할 때 나라와 노동자가 부강해지는 것은 필연적인 결과다.

게다가 미국에서 빈곤이 증가한다고 말하는 사람이 있다니 상상할 수 없는 일이다! 노동자가 주택 구매에 이만한 거금을 쓸 수 있는 나라는 흔치 않다. 미국의 노동자는 은행에 저축하는 것 외에도 다양한 금융 상품에 투자하고 여러 방식으로 자산을 관리한다.

휴즈 목사가 알면서도 잘못된 주장을 퍼뜨릴 사람은 아니다. 그러니 미국에서 극빈층이 줄어들고 빈곤과 궁핍이 급감하고 있다고 말하는 학자들의 주장이 모두 사실인지 아닌지 그가 직접 확인했으면 하는 바람이다.

특히 빈곤율 감소는 부자들의 구제나 자선 활동 때문이 아니라 주로 교육을 통해 사람들이 스스로 습관을 교정했기 때문임을 간과하지 않길 바란다. 좋은 습관이야말로 사람들이 꾸준히 발전할 수 있는 유일한 토대다.

아울러 글래스고의 조선소, 셰필드의 철강 공장, 미들랜드의 탄광 같은 산업 현장을 직접 둘러보면 부정할 수 없는 사실을 깨달을 것이다. 노동자 계층이 과거 어느 때보다 더 많은 보수를 받고 있으며, 이는 재력가들이 세운 거대 기업이 아니었더라면 절대 가능하지 않았으리라는 사실을 말이다.

부와 동맹을 맺어라

+

사회가 격동하고 비관론이 난무하고 있지만 영미권 사람들이 세계 어디에 살든 역사상 지금처럼 안락한 생계를 유지하며 장래를 대비해 은행에 목돈을 예금하는 시대는 없었다. 진정한 개혁가들은 사람들이 안락한 생활을 누리지 못할 때 환경보다는 개인의 습관에서 더 납득할 만한 이유를 찾는다.

"양팔 저울 한쪽에 백만장자가 있으면 다른 쪽에는 빈민층이 있기 마련이다"라고 휴즈 목사는 주장하지만 이는 사실이 아니다. 오히려 그 반대다. 백만장자가 있는 나라에서 빈민층이 존재하는 것은 용납할 수 없는 일이다. 백만장자가 많을수록 대중의 생활 수준도 향상한다. 백만장자는 국민 전반이 번영하는 환경에서만 생겨날 수 있고, 이 번영은 사업을 일으키고 경제를 발전시키는 백만장자들의 노력이 있기에 가능하다.

휴즈 목사는 동포를 착취한 결과로 부를 창출하는 것

이라고 시사한다. 하지만 노동자 임금을 낮출 수밖에 없는 사회 구조라면 부자들도 돈을 벌기 힘들다. 노동자 임금이 높은 시기에 부자들도 부를 축적하고, 임금을 더 많이 줄수록 부자들도 더 많은 수익을 창출한다. 그러므로 자본과 노동은 적이 아니라 동맹이고, 한쪽이 번성하면 다른 쪽도 번성한다는 명제는 거짓이 아니라 참이다.

백만장자를 적으로 만들지 마라
+

엄청난 부는 보통 진취적이고 근면한 사업가에게 집중되는데, 이는 그들이 부를 누구보다 생산적으로 쓸 수 있기 때문이다.

몇 해 전 뉴욕에서 세상을 떠난 부자를 생각해 보자. 그는 세상에서 가장 부유했던 사람이다. 그의 삶은 어땠을까? 생활비로 소소하게 지출한 금액을 제외하고 그는 전 재산과 수익 전부를 미국 철도를 구축하는 기업에 투자했다. 그렇게 발전한 철도망 덕분에 사람들은 저렴하게 운송 수단을 이용하게 되었다. 백만장자가 원하든 원치 않든 현재의 사회 구조 안에서는 그의 재산이 사람들에게 유익한 방향으로 흘러가게 되어 있다.

그가 짧은 생애 동안 얻는 보상이란 더 좋은 집에 살고, 고급 가구와 예술품으로 집 안팎을 꾸밀 수 있다는 정도다. 멋진 서재를 꾸밀 수도 있겠지만, 내가 아는 한 부자들에게 서재는 저택에서 쓰임새가 가장 적은 '가구'에 불과했다. 온갖 산해진미에 고급 포도주를 먹고 마실 수도 있겠지만, 이는 건강을 해칠 뿐이다.

요즘 백만장자들은 대체로 취향이 소박하고 본인에게 인색하기까지 하다. 자기 자신에게 쓰는 돈은 얼마 되지 않고, 자신이 종사하는 산업에 꿀을 저장하느라 바쁘게 일하는 일벌처럼 산다. 그러면 거대한 벌집에 거주하는 이들, 곧 사회 구성원 모두가 그 꿀을 공유할 것이다.

변호사 제임스 카터는 어느 연설에서 백만장자들의 삶을 인상적으로 묘사한 적이 있다.

"재산을 일구는 데 성공한 사람, 그것도 엄청난 규모로 부를 일군 사람들은 그 부를 어떻게 통제할지 아는 사람들입니다. 이런 사람들은 우리 사회에 가장 유익한 방식으로 재산을 다루고 투자합니다. 그런 자질을 가지고 있기에 그토록 엄청난 부를 일군 것입니다. 엄밀히 따지면 이 사람들이 실제로 소유한 재산은 오직 이들이 직접 소비한 것뿐입니다. 나머지 재산은 모두 공공의 이익을 생산하는 데 쓰입니다. 백만장자는 그 재산을 맡아 관리하는 사람들입니다. 그 돈을 사회에 투자하고, 사람을 고용하고, 이곳저곳에 자원을 배분합니다. 그 재산으로 노동력을 제공하고, 그 노동력으로 가장 생산적인 결과물을 창출합니다. 수백만 달러를 모은 사람들은 사실상 이 사회에 봉사하느라 고통받는 사람들입니다. 백만장자들이 처한 현실이 이와 같습니다. 우리 사회가 그런 부자들을 용인하는 것은 그들이 쌓은 부를 지금과 같이 활용하는 것이 모두에게 최선이기 때문입니다."

벌들은 일하지 않는 수벌을 쫓아내도 꿀을 만드는 일

벌은 해치지 않는다. 그러므로 우리 사회가 백만장자에게 총을 겨누는 것은 크나큰 실수다. 그들은 가장 많은 꿀을 생산하는 일벌이고, 자기 배를 불린 후에도 벌집 전체에 가장 크게 기여하기 때문이다. 우리 사회가 누리는 생활 수준의 대가로 그들의 의식주를 해결하는 비용 정도를 지불하는 것이라면, 현재로서는 열심히 일하는 백만장자를 보유하는 쪽이 훨씬 효율적이다.

부의 지형을 먼저 파악하라

✲
✲
✲

지난 몇백 년 동안 인간의 삶은 변화를 넘어 혁명을 이룩했다. 과거에는 족장이든 부하들이든 그들이 누리는 집과 옷, 음식, 환경 등에 별반 차이가 없었다. 하지만 오늘날 백만장자가 사는 저택과 노동자가 사는 집 사이에는 극명한 차이가 있고, 이는 문명사회가 얼마나 발전했는지 보여준다.

이 극명한 차이를 한탄만 할 게 아니다. 우리는 모두 문명의 진보로 유익함을 누리기 때문이다. 인류가 발전하려면 문학과 예술과 문명이 어우러져 세련미의 극치를 이루는 주택에서 사는 이들도 있어야 한다. 그런 주택에서 아무도 살지 못하는 사회가 과연 더 좋은 세상일까? 모두가 누추하게 사는 사회보다는 큰 격차가 존재하는 사회가 훨씬 낫다.

'좋았던 옛날'이라지만 사실은 그다지 좋지 않았다. 그때는 주인이고 하인이고 가릴 것 없이 오늘날처럼 풍요롭지 못했다. 그 옛날로 되돌아간다면 지금의 문명 자체가 사라질 것이며 노동 계층은 말할 것도 없고 모두가 처참한 환경에 처한다.

우리가 맞이한 변화가 좋든 나쁘든, 이미 닥친 현실은 우리가 바꿀 수 없다. 그러니 이 변화를 받아들이고 최선의 결과를 만들어내야 한다. 돌이킬 수 없는 시대의 변화를 탓하는 것은 시간 낭비일 뿐이다.

과거에는 부자들도 비싸서 쉽게 누릴 수 없었던 것들을 가난한 자들이 누리고 있다. 예전에는 사치품이었던 것들이 지금은 생활필수품이 되었다. 오늘날 육체 노동자는 몇 세대 전의 자작농보다 더 윤택한 삶을 누린다. 자작농은 과거의 지주보다 더 좋은 옷을 입고, 더 좋은 집에서 호화롭게 산다. 그리고 오늘날 지주는 과거에는 왕도 구할 수 없었던 귀한 서적과 그림을 소장할 수 있다.

경쟁을 두려워하지 마라
+

편의품과 사치품을 저렴하게 누리는 대가는 크다. 치열한 경쟁으로 사람들이 치르는 대가는 더욱 크다. 하지만 경쟁의 법칙이 가져오는 혜택이 훨씬 크다. 왜냐하면 바로 이 경쟁 덕분에 우리가 물질적 발전을 이루고 더 윤택한 생활을 누리기 때문이다. 경쟁의 법칙이 해로운지 따질 필요가 없다. 우리가 맞이한 사회 경제적 변화를 돌이킬 수 없듯이 경쟁의 법칙도 마찬가지다.

우리는 이미 치열한 경쟁 속에 살아간다. 경쟁은 피할 수 없는 일이고, 이를 효과적으로 대체할 동력도 아직 찾아내지 못했다. 개개인에게는 때로 고된 일이지만 인류 전체로 보면 바람직하다. 경쟁의 법칙에 따라 사회의 각 방면에서 가장 적합한 자가 살아남기 때문이다.

따라서 우리는 지금의 환경, 다시 말해 계층 간의 격차, 산업 및 상업 활동이 소수에게 집중되는 현상, 그 사이에서 벌어지는 경쟁을 반갑게 받아들이고 그 속에서 적응하는 게 옳다.

치열한 경쟁은 인류 발전에 필수적이다. 이런 환경에서 상인과 제조업자들은 대규모 사업을 운용할 기회를 포착하고 그들의 재능을 마음껏 발휘할 수 있다. 사업을 크게 조직하고 운용하는 재능은 흔치 않다. 그런 능력이 있는 사람이라면 어디서든, 즉 어떤 법과 조건 아래서든 엄청난 보상을 받는다는 사실이 이를 증명한다.

사업 경험이 많은 사람들은 동업자나 경영인을 영입할 때 이런 재능을 가장 중요한 자산으로 간주한다. 그 사람의 출자금 규모가 어느 정도인지는 크게 신경 쓰지 않는다. 유능한 경영인은 금방 자본을 창출할 수 있지만 그렇지 않은 사람은 자본을 금세 잃기 때문이다.

이런 유능한 사람들은 수백만 달러를 굴리는 회사나 기업 운용에 관여한다. 사업이 망하지 않으려면 막대한 투자금에 대한 이자 이상을 창출해야 한다. 따라서 엄청난 수익을 낼 수밖에 없다.

이들에게는 성공 아니면 실패뿐이다. 이자를 감당하지 못하면 대기업이라도 순식간에 파산하기 때문이다. 기업은 앞으로 나아가지 못하면 뒤처질 뿐이다. 한자리에 그대로 머무는 건 불가능하다. 사업이 성공하려면 당연히 수익을 내야 하고, 자본금에 대한 이자를 넘어서는 수익을 달성해야 한다.

사업에 특별한 재능이 있는 이들이 자유 시장 경제에서 큰돈을 번다는 사실은 누구도 부인할 수 없는 법칙이다. 이들은 자기 힘으로 다 쓸 수 없을 만큼 엄청난 부를 창출한다. 과학 법칙이 산업 발전에 기여했듯이 경쟁의 법칙은 인류 전체를 이롭게 한다.

지금 이 시스템에서 성공하라

✢

현대 사회의 기반을 비난하고 맞서는 이들이 있는데 이는 부적절하다. 현대 인류는 역사상 그 어떤 체제보다 풍족한 삶을 누리고 있기 때문이다. 새로운 체제를 제안하는 이들이 많지만 그 결과를 보장할 길이 없다. 현재 체제를 뒤엎으려는 사회주의자나 무정부주의자는 문명의 토대 자체를 공격하는 사람으로 간주해야 옳다.

유능하고 근면한 노동자가 무능하고 게으른 동료에게 "씨를 뿌리지 않는 자는 수확을 거둘 수 없다"라고 선언한 날, 즉 원시 공산주의와 작별하고, 일하는 자와 게으른 자를 구분한 날부터 문명이 탄생했기 때문이다.

이 문제를 탐구한다면 누구나 다음과 같은 결론을 마주하게 된다. 우리 사회는 사유재산이라는 신성한 권리에 기반한다. 노동자도 은행에 저축한 수백 달러를 지킬 권리가 있고, 백만장자도 자신의 수백만 달러를 지킬 권리가 있다. 우리 사회가 앞으로 더욱 발전하려면, 아니 적어도 진보한 현대 문명을 지키려면 누구나 '자신의 포도나무와 무화과나무(개인의 농지와 재산을 상징함_옮긴이) 아래에서 두려움 없이' 살아갈 수 있어야 한다.

이 숭고한 개인주의를 무너뜨리고 공산주의로 바꾸려는 사람들에게 할 말이 있다. 그 길은 인류가 이미 지나온 길이다. 인류는 원시 공산주의를 떨쳐내고서야 이 모든 진보를 이룰 수 있었다. 열정 있고 유능한 사람들이 부를 창출했으며 인류는 그들이 창출한 부로 손해가 아니라 이득을 보았다.

가령 저들이 말한 주장을 받아들여 현대 사회의 근간인 개인주의를 폐기하는 것이 인류에게 더 유익하다고 가정해 보자. 다시 말해, 사람들이 자기 자신뿐만 아니라 이웃을 위해 일하고 그 대가를 공평하게 나누며 고귀한 이상을 추구한다고 하자. 천국 체험기를 기록한 스베덴보리가 말한 대로 자기 자신이 아니라 서로를 위해 봉사하며 행복을 찾는 천사들처럼 말이다.

그러나 이 논쟁의 답은 분명하다. 그런 세상은 단순한

발전으로는 불가능하고, 인간 본성 자체를 바꾸는 혁명이 있어야 한다는 것이다. 수천 년이 걸릴지도 모르는 일이고, 과연 그 변화가 좋은 일인지도 확신할 수 없다.

　모두가 공평하게 부를 나누는 사회는 우리 세대에서 실현할 수 있는 일이 아니다. 이론상으로는 바람직할지 몰라도, 그런 사회는 훨씬 나중에 도래할 미래 사회에나 어울리는 이야기다. 우리가 할 일은 지금 당장 실현할 수 있는 것, 즉 우리 세대가 나아갈 다음 단계를 밟는 것이다. 인류를 과실나무에 비유할 때 우리에게 허락된 일은 이 나무가 좋은 열매를 맺도록 가지의 방향을 개선하는 것이다. 과실나무를 뿌리째 뽑으려고 에너지를 낭비하는 건 범죄나 다름없다.

　이상주의자들은 현재의 체제가 흠이 있고, 불공평하거나 정의롭지 못하게 작동한다고 비판한다. 하지만 개인주의, 사유재산과 부의 축적, 경쟁의 법칙은 인류가 지금까지 거쳐온 체제 가운데 가장 나은 결과를 인류에게 선사했다. 이들 법칙과 제도는 우리 사회가 역사상 가장 좋은 열매를 맺게 한 토양이다.

인류가 지금까지 이룬 것 중에 가장 훌륭하고 가치 있는 것들을 파괴하자는 주장은 우리가 꿈꾸는 이상에 미치지 못한다고 해서 현존하는 가장 훌륭한 인간을 없애자고 주장하는 것만큼이나 터무니없다.

우리는 인류 전체의 이익을 증진하는 현재의 사회 체제를 인정하고 여기서부터 논의를 시작해야 한다. 소수의 사람들에게 부가 쌓이는 결과는 피할 수 없다. 현재의 체제를 받아들인다는 전제하에 지금까지의 우리 사회와 경제는 긍정적으로 평가할 수 있다. 그리고 이 평가에 문제가 없다면 우리가 다룰 중요한 질문은 하나뿐이다.

현대 문명의 토대를 이루는 법칙들 덕분에 소수의 손에 부가 쌓였을 때, 그 부를 어떻게 운용하는 것이 바람직한가? 나는 이 중차대한 질문에 진정한 해결책을 제시하고자 한다.

여기서 말하는 부는 개인이 오랜 노력으로 일군 적당한 자산, 그러니까 가족의 안락한 생활과 자녀 교육비를 충당할 정도의 금액을 말하는 게 아니다. 그건 부가 아니라 넉넉한 생활 자금이다. 사람은 누구나 재정적 안정을 목표로 돈을 모아야 하고, 사회의 이익을 위해서도 모두가 그 목표를 이루는 게 바람직하다.

Those who cannot accept change are bound to fail.

변화를 받아들이지 못하는 자는 실패하게 되어 있다.

4장

✦

밀물 때를 놓치지 않는 법

기회의 파도는
준비된 자에게만 온다

✳
✳
✳

젊은이들이 가장 밑바닥부터 일을 시작하고 가장 낮은 자리부터 맡는 것은 좋은 일이다. 피츠버그의 성공한 사업가들 대부분이 경력 초기에는 밑바닥부터 시작했고, 그런 일들을 결코 하찮게 여기지 않았다. 그들은 사무실에 도착하면 빗자루를 손에 들고 청소부터 하며 하루를 시작했다. 요즘은 사무실에 청소부가 있어서 젊은이들이 이런 유익한 경험을 놓치는 것이 아쉽다. 신입 사원이 사무실 청소를 자청한다고 평판이 깎이지는 않는다.

나 역시 청소를 자청한 신입 사원이었다. 그때 나와 같이 청소했던 사람들이 누구인지 아는가? 앨러게니 밸리 철도 회사의 감독관, 펜실베이니아 철도 회사의 감독관, 그리고 피츠버그시 고문 변호사가 된 친구들이다. 우리 모두 돌아가며 사무실을 청소했다.

꼭대기를 바라보는 사람이 되어라
✢

여러분이 취직해서 사회생활을 순조롭게 시작했다고 가정한다면, 내가 드리고 싶은 조언이 하나 있다. "목표를 높게 세워라." 장차 그 회사에서 동업자나 대표가 되겠다는 야망을 품지 않는 젊은이에게 나는 흥미가 없다. 회사 규모와 상관없이 부서장이나 현장 감독, 총지배인 같은 자리에 잠시라도 안주해서는 안 된다. 마음속으로 "내 자리는 저 꼭대기야"라고 다짐하라. 기왕에 꿈을 꿈이라면 왕을 꿈꿔야 하지 않겠는가.

명예롭지 않은 일은 멀리하며 그 지위에 오르기로 맹세하라. 이 목표에 집중하지 못하게 하는 일에는 눈길도 주지 마라. 물론, 칭찬받을 만한 예외가 하나 있다. 만약 회사의 당당한 일원이 되거나 혹은 두세 차례 승진하고 나면, 인생의 동반자를 찾으리라고 스스로에게 맹세하는 것이다. 알다시피 사업 파트너와 인생 파트너는 적용되는 법이 다르다. 사업 파트너는 유한책임이지만, 인생의 동반자는 무한책임이라는 사실에 유의하자.

성공하기 위해서는 현재의 낮은 직급에서 미래 목표인 고위 직급에 올라갈 방법을 배우는 것이 급선무이다. 내가 그 비결을 알려주겠다.

핵심은 여기에 있다. 회사에서 내게 어떤 업무를 맡겼는지 묻지 말고, 내게 어떤 잠재력이 있는지 물어야 한다. 주어진 일을 성실하고 꼼꼼히 이행하는 것도 좋지만, 지금 하는 일을 너무 잘하면 계속 그 일만 맡게 된다. 이는 우리가 성장하는 데 좋은 일이 아니다. 여러분은 젊다. 장차 사업 파트너가 되려면 이 정도로 만족해서는 안 된다. 그 이상을 해내야 한다.

경영진은 일을 충실히 하는 사람들을 점원이나 경리, 재무 담당으로 삼으며, 이런 직원들은 그 자리에 안주하고 끝까지 머문다. 그 위로 올라가는 사람들은 자기 업무 범위를 넘어서는 특별한 일을 해낸다. 그래서 사람들에게 주목받는다. 그저 잡무를 담당하는 일이라도 지시받은 내용을 넘어서 상사가 원하는 결과를 얻으려고 노력하면 상사의 눈에 들어 승진할 가능성이 커진다.

유능하고 열정적인 젊은이라면 낮은 직책을 맡아 단순 업무를 처리하든 높은 직책에서 복잡한 업무를 처리하든 매일 신뢰를 쌓으며 회사에서 자신이 쓸모 있는 존재임을 입증해야 한다. 이렇게 노력하며 반드시 승진하고야 말겠다는 각오를 보여주는 것이 중요하다.

상사가 시킨 일이 때로는 회사에 오히려 손해를 입히는 경우도 있을 것이다. 이때가 기회다. 그 일은 회사에 손해를 끼치는 일이라고 당당히 말해야 한다. 그렇게 생각하는 이유를 설명하고, 상사가 다른 일에 몰두해 있는 동안, 그리고 남들은 잠들어 있을 시간에도 회사의 이익을 키울 방법을 연구하고 고민하며 보냈음을 상사에게 보여주는 것이다. 자신의 판단이 맞을 수도, 틀릴 수도 있지만 어느 쪽이든 상사에게 주목받았으니 일단 성공할 수 있는 첫 번째 조건을 충족한 셈이다.

고용주는 이런 사람을 단순한 월급쟁이가 아니라 쓸 만한 재목으로 본다. 정해진 돈을 받고 정해진 시간만 일하는 데 만족하지 않고, 여가 시간까지 투자해 회사의 성장을 끊임없이 고민하는 사람이라고 여길 것이다. 고용주는 그런 직원을 주목하고 호의적으로 평가하기 마련이다. 그런 직원은 자기 전문 분야와 관련해서 고용주에게 자문받을 날이 머지않았다. 제시한 의견이 타당하다면 고용주는 곧 더 큰 문제에 대해서도 그 직원의 조언을 구하고 따르게 될 것이다.

이는 사업 파트너가 될 역량이 있음을 의미한다. 지금의 고용주와 파트너 관계를 형성하지 못하더라도 다른 고용주와 파트너십을 맺을 기회가 올 것이다. 이런 경우, 이미 승진 사다리에 발을 올린 것이나 마찬가지다. 얼마나 올라갈지는 전적으로 여러분에게 달렸다.

하늘은 스스로 돕는 자를 돕는다
+

주식회사는 핵심 인재들이 회사 지분에 투자하는 것을 장려해야 마땅하다. 그래야 이미 성공 비결(즉, 이익을 창출하는 데 크게 기여한 사람들과 그 이익을 공유하는 원칙)을 발견한 제조업체를 제대로 상대할 수 있다.

회사 운영에는 무책임하면서 배당금만 챙기는 부유층 주주의 시대가 확실히 저물고 있다. 현장에서 성과를 만드는 실무형 인재가 가치를 인정받는 시대가 올 것이다. 그러므로 실무에 밝은 청년들은 실망할 일이 아니다.

고용주는 실력 있는 기술자나 실무자에게 그들에게 걸맞은 보상으로 사기를 진작해야 한다. 실무에 능한 사원이나 기술자가 갈수록 더 유리한 위치에서 자신들이 원하는 채용 조건을 두고 고용주와 협상하는 추세다. 과거에 승진할 수 있는 경로가 하나뿐이었다면 지금은 그 경로가 열두 갈래다.

미래의 대기업은 성과에 기여한 게 없는 한가한 자본가들이 아니라 능력과 노력으로 성과에 크게 기여한 유능한 직원들과 이익을 나눠 가지게 된다. 자본만 제공하고 현장에 없는 부유층 주주는 물러나고 현장에서 실력을 발휘하는 유능한 일꾼들이 그 자리를 대체할 것이다.

기술이나 실무에 능한 젊은이들이 진급하는 데 필요한 자질을 말하자면 영국의 작가 조지 엘리엇이 핵심을 짚었으므로 그의 말을 인용하는 게 좋을 듯하다. "내가 어떻게 성공했는지 알려주죠. 나는 눈과 귀를 활짝 열고 주인에게 이득이 되는 일을 내 일처럼 여겼어요."

승진하려면 먼저 눈에 띄어야 한다. 그러자면 정해진 자기 책임 범위를 넘어 무언가 특별한 일을 해야 한다. 자신이 굳이 할 필요가 없지만 고용주에게 아이디어를 제안하거나 비용을 절감한다든지 회사에 도움이 되는 일을 자발적으로 하는 게 좋다. 이렇게 직속상관의 눈에 띄는 것이 첫 단계다. 그 상사가 현장 감독에 지나지 않는다고 해도 상관없다. 승진의 첫 열쇠가 그 상사에게 달려 있다. 그 다음에 얼마나 높이 승진할지는 본인의 역량 문제다.

자기 역량을 보여줄 기회가 없다거나 능력을 발휘해도 알아주지 않는다고 불평하는 이들이 많은데, 전부 근거 없는 소리다. 직속상관은 자기를 위해서라도 부하 직원 중에 가장 뛰어난 사람을 골라 일을 맡길 수밖에 없다. 부서 전체가 이룬 성과는 곧 자기 공로로 인정받기 때문이다. 유능한 직원을 언제까지고 가로막는 상사는 없다.

부와 명예를 거머쥔 기술자나 실무자들을 보면 대부분 회사에서 무언가를 지속적으로 개선하면서 그 자리에 올랐다. 현장에 능숙한 인재는 실제 발생하는 문제들을 누구보다 잘 알기 때문에 이들이 새로운 개선책을 내는 것은 당연한 일이다. 우리가 누리는 귀중한 혁신은 이렇게 이루어진다. 개선책을 성공시킨 사람은 임금 인상보다 사업 지분을 노리는 게 유리하다. 설령 회사가 지금 당장은

몸집이 작아도 제대로 된 실력자라면 자신이 성공시킬 수 있다고 확신할 테고 실제로 실현할 가능성이 크다.

모든 사업에는 기복이 있다. 불황과 호황이 반복되고, 어느 해에는 엄청난 수익을 내다가도 다음 몇 해 동안 아무 수익을 내지 못할 때도 있다. 이는 비즈니스 세계의 엄연한 법칙으로 긴 말이 필요 없다. 그러므로 유능한 기술자나 실무자라면 어떤 사업을 해야 좋을지 머리를 싸매고 고민할 일이 아니다. 어떤 사업이든 일정 기간 제대로만 운영하면 남부럽지 않은 수익을 올릴 것이다.

You cannot push anyone up a ladder
unless he is willing to climb himself.

스스로 올라가려는 자만이
성공의 사다리를 오를 수 있다.

성공을 가로막는 함정들

+

승진 사다리에 첫발을 내디딘 유능한 청년의 앞길에는 세 가지 유혹이 놓여 있다.

첫 번째 유혹은 술이다. 그 위험성은 말할 수 없이 크다. 재능이 아무리 뛰어나도 술을 즐기는 청년에게 시간을 투자할 이유가 없다. 재능이 클수록 나중에 실망도 깊은 법이다.

두 번째 유혹은 투기이다. 투기꾼이 하는 사업과 제조업자나 무역상이 하는 사업은 서로 다를 뿐만 아니라 공존할 수가 없다. 사업에서 성공하려면 투기로 얻는 이익이 아니라 제조업자나 실업가로서 정당한 이익만 추구해야 한다. 제조업자는 단기 이익을 노리지 말고 실물 경제에 맞춰 묵묵히 나아가야 한다. 팔 상품이 있으면 팔아야 하고, 필요한 물자가 있으면 시장 가격에 연연하지 말고 바로 조달해야 한다.

투기에 한눈을 파는 제조업자나 실업가가 사업가로서

꾸준히 성공을 거둔 사례는 평생 본 적이 없다. 투기로 부자가 되었다가도 곧 파산하고 말 것이다. 더욱이 제조업자는 돈 버는 일만 하는 게 아니다. 제품을 만들어 사람들을 이롭게 하고 그 과정에서 고용을 늘린다. 제조업을 경영한다는 것은 당당하고 칭찬받을 만한 일이다. 제조업자는 인류 사회에 유익한 구성원이다. 상인은 제품을 유통하면서 사회를 이롭게 하고, 금융업자는 자본을 제공함으로써 사회를 이롭게 한다.

세 번째 유혹은 보증을 서는 일이다. 이는 투기만큼 위험하다. 사업을 하다 보면 자금 흐름이 일정치 않다. 자금에 여유가 있을 때도 있지만 갑자기 막대한 자금이 필요할 때도 있다. 주변의 사업자들도 사정이 엇비슷하기 때문에 서로 보증을 서주며 상부상조하고 싶은 유혹을 느낀다. 하지만 반드시 이 유혹을 피해야 한다.

긴급한 경우에는 친구를 도와주어야 하지만, 위험에 처하지 않으려면 지켜야 할 원칙이 있다. 자기 자본으로 돈을 갚아줄 수도 없으면서 타인의 채무에 자신의 이름을 올리면 안 된다. 이는 부정한 행위다. 사업가는 그를 믿고 돈을 맡긴 사람들을 위한 신탁관리인이고, 채권자는 자신의 자본과 신용을 돌려받을 권리가 있다.

자기 회사라면, 자기 이름과 재산, 그리고 신성한 명예까지 모두 걸어도 된다. 하지만 타인의 회사라면 아무리 급박한 사정이 있더라도 자신의 신용을 해치지 않는 수준에서만 남을 도와야 한다. 타인을 도울 일이 있으면 여윳돈으로만 돕고 절대 보증을 서지 않는 것이 안전하다.

젊은 사업가가 실패하는 중요한 원인으로 집중력 부족도 빼놓을 수 없다. 사업가는 본업 외에 투자 유혹을 받을 때가 많은데 놀랍게도 이 때문에 실패하기 십상이다. 사업가는 그가 지닌 자본과 신용, 머릿속 생각까지 오로지 자신이 발을 들인 사업에 남김없이 쏟아야 한다. 표적을 분산하면 안 된다. 문제가 없는 사업이라면 외부에 투자했을 때보다 자기 사업에 자본을 더 투입할 때 수익이 더 좋아지는 법이다. 어떤 개인이나 조직도, 혹은 회사도 사업가 본인보다 그의 자본을 잘 관리할 수는 없다.

모든 산업 현장에서 소기업은 줄어들고 소수의 거대 기업으로 사업이 집중되고 있지만 그럼에도 변하지 않는 것이 있다. 현장에서 성과를 내고 그 성과에 자기 이익이 달린 인재야말로 기업을 성공으로 이끄는 핵심이며 반드시 필요한 인재라는 것이다.

주식시장에서 매일 주식을 거래하는 회사, 유능한 직원을 파트너로 참여시키는 합자 회사, 탁월한 인재를 유치해야 성공적으로 운영할 수 있는 무역 회사, 이 모든 영역에서 기회가 활짝 열려 있다. 술을 즐기지 않고 근검절약하며 유능한 기술자나 이공계 교육을 받은 청년, 혹은 낮은 직급부터 일을 배운 청년에게는 그 어느 때보다 성공으로 가는 기회가 많아졌으며 접근하기도 쉬워졌다.

그러므로 어느 현장에 있든 자신의 역량을 입증하고 기업의 파트너가 될 기회를 여태 한 번도 얻지 못했다고 하소연하는 젊은이가 있다면, 그에게는 고전 작품의 한 대사를 들려주는 것으로 충분하다.

"친애하는 브루투스, 우리 별자리(운명)에는 아무 잘못이 없네. 우리가 비굴해진 것은 모두 우리 자신의 잘못일 뿐이라네."

스스로 파도를 헤치는 힘

+

예비 사업가 중에 평생 정해진 월급만 받으며 일하겠다고 마음먹은 사람이 있는가? 아마 한 명도 없을 것이다. 이것이 사업가와 사업가가 아닌 사람을 구분 짓는 경계선이다. 한 사람은 고용인으로서 회사의 영업 이익에서 일부를 취하고, 다른 한 사람은 피고용인으로서 월급을 받는다. 물론 처음에는 누구나 월급을 받는 피고용인으로 시작하지만, 모두가 거기서 여정을 마칠 이유가 없다.

특출한 학생의 진로를 따라가 보면 성공으로 가는 길이 보인다. 이런 학생은 걱정할 필요가 없다. 분명 잘해낼 것이다. 험난한 바다에 던져졌지만, 구명조끼가 필요 없다. 애써 챙겨주지 않아도 스스로 앞가림을 해낸다. 그는 익사할 운명이 아니기에 파도를 헤치며 나아가 결국 큰 기업의 수장이 된다. 처음부터 높은 자리가 아니라 밑에서 시작했기에 다행히도 그의 여정은 항상 위를 향한다. 높은 자리에서 시작했더라면 계속해서 오를 기회가 없었을 것이다.

사실 그가 어떻게 시작했는지는 중요하지 않다. 그가 지닌 자질들은 너무 뛰어나서 어떤 분야에 들어가든지 눈에 띄는 성과를 낸다. 처음에는 매우 적은 급여를 받고, 자신이 해낼 수 있다고 생각한 것보다 훨씬 보잘것없는 직무를 수행하지만, 맡은 일을 철저히 해내며 앞으로 나아간다.

유능한 인재는 언젠가는 어떤 방식으로든 직속 상사의 눈에 띄기 마련이다. 그는 어떤 사업 계획에 반대하며 더 나은 방안을 제안하거나, 자기 일도 아닌 다른 부서 일을 돕겠다고 자원하기도 한다. 어떤 날은 평소보다 늦게 퇴근하거나 일찍 출근한다. 전날 밤에 완전히 마무리되지 않은 일 때문일 수도 있고, 다음 날 아침에 시작할 일의 준비가 미흡하거나 제대로 진행되지 않을까 봐 걱정되어 그럴 수도 있다. 한마디로 만전을 기하려고 더 일찍 출근한 것이다.

고용주도 같은 문제를 걱정하던 차에 일찍 출근한 젊은 직원을 발견하고 그 직원이 단순히 급여를 받았기 때문에 일하는 사람이 아님을 깨닫는다. 급여와 업무 범위는 그 직원의 유일한 관심사가 아니다. 그는 사업을 성공시키려고 일하는 청년이다.

이 유능한 직원이 유명한 시블리 공대 출신의 전기 기사나 엔지니어라고 치자. 대형 제조업체에서 이 직원은 보잘것없는 업무를 맡아 처리하다가 일부 보일러는 안전하지 않고, 엔진과 모터는 잘못된 이론을 바탕으로 설계되었음을 발견한다. 특히 엔진은 연료 낭비가 많고 그중 한 엔진은 조만간 말썽을 일으킬 가능성이 크다는 사실도 알아낸다. 엔진의 지지대를 보니 위탁 업체가 제대로 공사하지 않았다는 것도 드러났다. 또 모든 기기가 잘 돌아가는지 확인하려고 어느 날 저녁에 공장을 들렀다가 회사에서 한 직원의 불성실한 모습을 발견한다. 그는 업무 시간에 자리를 자주 비우거나 그 일에 부적합한 사람이어서 조만간 사고를 일으킬 가능성이 커 보인다.

이 유능한 직원은 회사에 위험한 사고가 발생하지 않도록 조치해야 한다고 판단한다. 그는 설비의 결함을 보여주는 도면을 그려서 고용주 앞에 펼쳐놓고 시블리에서 배운 최신 과학 원리를 바탕으로 해결책까지 제시한다.

물론 고용주는 수리비를 지출하는 것이 달갑지 않고, 공장 설비가 정상이 아니라는 사실에 화가 날 것이다. 화가 폭발하면 그 순간에는 이 유능한 직원에게도 화를 쏟아내겠지만, 그렇다고 총으로 쏴 죽이기야 하겠는가. 화를 참지 못해 한바탕 어질러 놓은 책상을 다시 정리하고 나면, 이 젊은 직원은 고용주에게 설비를 수리하는 비용을 수천 달러 절감할 수 있다는 사실을 전한다. 결국 고용주는 시블리 출신의 직원에게 이 문제를 맡기고 일을 확실하게 수습할 것을 지시한다.

이쯤 되면 이 젊은이는 이미 막대한 부를 손에 쥔 것

이나 다름없다. 그가 지닌 우수한 능력은 감추려고 해도 감출 수가 없다. 이 미래의 사업가는 자신의 재능을 감추는 '죄'를 범할 가능성도 낮고 그럴 마음도 없다.

그는 뼛속까지 사업가다. 그에게서는 가식이나 거짓 겸양을 찾아볼 수 없다. 자신이 하는 사업을 누구보다 잘 알고, 그 사실을 스스로 인지하고 있다. 그러한 지식과 능력이 바로 시블리에서 단련한 장점들이라 생각하고 자긍심을 느낀다. 그러니 사업에 관련된 문제만큼은 고용주 또한 자기만큼 잘 알고 있어야 한다고 생각한다. 고용주가 모르면 알려주어야만 한다.

고용주는 그런 젊은이를 승진시켜야 한다. 단언컨대, 그런 인재를 승진시키지 않을 고용주는 없다. 젊은이의 역량을 발견하고 누구보다 기뻐할 사람이 바로 고용주다. 그런 직원의 가치는 백만 달러는 될 테다. 물론, 너무 이른 나이에 그만한 부를 얻는 것이 좋은 일은 아닐 것이다.

그는 이제 두 걸음을 뗐다. 첫째, 사회생활을 시작할 일자리를 얻었다. 둘째, 눈에 띄는 성과를 내고 고용주를 만족시켰다. 중요한 진전을 이루었다. 한마디로 '성공의 문턱에 들어섰다.' 이제 그는 사다리에서 내려오지 않을 것이다. 그의 발은 사다리 위에 있다. 얼마나 높이 올라갈 지는 그의 몫이다. 그는 사업 전체에서 갓 문턱을 넘어선 소수의 인재 중 한 명이다.

하지만 이후로도 할 일이 많다. 이 청년은 열정과 능력을 갖췄고, 사업에 꼭 필요한 좋은 판단력을 보여주었다. 그리고 또 다른 필수 자질인 사업에 전념하는 자세도 보여주었다. 그 어떤 것도 사업에 고정된 시선을 딴 곳으로 돌리지 못했다. 그는 젊은 나이에 끌리기 쉬운 많은 유혹을 뿌리치고 시간과 노력, 관심을 오로지 고용주가 맡긴 임무를 수행하는 데 집중한다. 그에게는 사업이 최우선이고 그 외의 다른 공부나 일거리, 오락은 중요하지 않다.

그런 청년의 급여가 오르는 것은 당연하다. 만약 그런 성과를 내고도 가치를 충분히 인정할 줄 모르는 고용주 밑에서 일하고 있다면, 다른 경쟁사에서 보기 드문 인재를 빼앗아 갈 게 틀림없다. 이 젊은 영웅은 고용주를 바꿔야

할지도 모른다. 자주 있는 일은 아니지만 간혹 일어나는 일이다.

고용주는 대체로 그런 젊은 인재를 무척 반기고 그가 떠나지 않도록 유도한다. 그러나 신뢰는 천천히 쌓이는 것이며 고액 연봉을 받는 피고용인에서 동등한 사업 파트너가 되기까지는 갈 길이 아직 멀다.

There is a power under your control that is greater
than poverty, greater than the lack of education,
greater than all your fears and superstitions combined.

당신이 통제할 수 있는 힘은 가난, 무지, 두려움과
미신을 모두 합친 것보다 더 강하다.

지식의 돛을 펼쳐라

※
※
※

    도서관 선반에 꽂힌 책들을 보면 평범한 사람들이 정상에 오른 이야기가 담겨 있다. 군대, 의회, 공장, 그 어디에서든 세상의 운명을 지배한 이들은 인문학 교육을 받은 사람이 아니었고, 귀족도 아니며, 왕도 아니었다. 위대한 발명, 혁신, 과학적 발견, 뛰어난 문학 작품은 대부분 가난한 계층에서 나왔다. 평범한 처지에서 시작해서 정직한 노동으로 생계를 꾸린 사람들이 아니라 상류 계층 출신이 이룩한 위대한 업적은 그리 많지 않다.

세상은 실력 있는 자를 알아본다

✢

세상이 자기 능력을 제대로 알아봤다면 성공하여 위대한 인물이 되었을 것이라고 생각하는 이들이 많다. 이런 부류는 단단히 착각에 빠진 사람들이다.

고용주들은 다들 주변에 있는 젊은이들을 꼼꼼히 살피며 탁월한 인재를 한 명이라도 더 찾으려고 애쓴다. 유능한 인재는 고용주에게 많은 이익을 가져다줄 소중한 자원이기 때문이다.

공장의 모든 감독관은 역량이 남다른 직원을 발견하면 그를 잡아채서 더 큰 일에 투입할 준비가 되어 있다. 각 부서의 관리자들도 신뢰할 만한 유능한 사람을 밑에 두고 그 덕을 보고 싶어 한다. 관리자의 능력을 잘 가늠할 수 있는 기준은 관리자 개인보다 그가 데리고 일하는 사람들이기 때문이다.

장담컨대 현장 감독에게 인정받지 못한 직원, 관리자에게 인정받지 못한 현장 감독, 회사에서 인정받지 못한 관리자가 있다면 회사나 관리자, 현장 감독이 아니라 자기 자신에게서 잘못을 찾아야 한다. 회사에서 당신의 능력을 간절히 찾고 소중히 여기는데, 그 능력을 보여주지 못한 본인의 잘못이기 때문이다.

누구나 높은 자리에 오를 수 있고, 재능을 발휘하지 못하는 사람은 계속 뒤처질 수밖에 없다. 재능만 있으면 현장 감독, 관리자, 파트너, 심지어 회장 자리까지도 오를 수 있다. 회사에 필요한 재능을 지녔다는 사실을 증명하기만 하면 된다. 자신의 역량을 드러내다가 혹시 쫓겨나지는 않을지 걱정할 필요는 없다. 유능한 사람을 잃을까 봐 두려워하는 쪽은 오히려 고용주들이다.

지식이 당신의 가치를 결정한다

✢

에드거 톰슨 제철소의 회장님이 나에게 피츠버그의 펜실베이니아 철도 회사에 와서 철도 기계 책임자가 되어

달라고 부탁한 적이 있다. 나를 아는 사람이라면 이 대목에서 실소를 머금을 것이다. 나 역시 톰슨 회장님에게 이렇게 대답했다.

"톰슨 회장님, 무슨 당치도 않은 말씀이세요? 저는 철도 기계라면 일자무식인 사람입니다." 그러자 그가 대답했다. "그렇지. 그래서 내가 자네를 책임자로 두고 싶은 거야. 판단력과 상식을 가진 기계공을 한 명밖에 못 봤거든."

당시 미국에서 기계공들이 판단력이 부족했던 이유는 그들이 종합적인 교육, 그러니까 실생활에서 접하는 것들을 전반적으로 교육받지 못하고 협소하게 전문 분야만 교육받았기 때문이다. 미국에서 베세머 공장이 전례 없이 대성공을 거둔 이유는 기존의 제철소와 달리 폭넓은 과학지식을 갖춘 뛰어난 인재들이 공장을 맡았기 때문이다.

이 사람들의 기여도는 전 세계가 인정하고 있고, 몇 년 전이라면 상상도 못했을 거금을 보수로 받았다. 이들 덕분에 기계공의 가치가 오르고, 기계공에 대한 사람들의 인식도 변했다. '기계공', '기계 엔지니어', '제철소 관리자'

같은 직함이 이제는 자랑스러운 명함이 되었다.

노동자가 현장 감독, 관리자, 나아가 사업 파트너로 올라가는 가장 확실한 길은 자신이 일하는 전문 분야에서 과거에 쓰였던 기술과 방법론은 물론, 오늘날 사용되는 최신 기술과 방법론에 대한 지식을 철저히 갖추는 것이다.

지위가 높든 낮든 상관없이 어디서나 지적인 사람이 무지한 사람보다 일을 더 잘하기 마련이다. 고용주는 지식의 유무를 항상 중요하게 고려한다. 사람을 관리하는 관리자도 삽을 들고 일하는 노동자도 다른 조건이 같다면 지식이 많을수록 더 가치 있는 직원으로 평가받는다.

도서관에서 답을 찾아라
+

제조 기술의 발달은 현장 노동자들이 처음 제안한 아이디어에 크게 빚지고 있다. 이들의 아이디어를 바탕으로 제조 기술이 개선되거나 새로운 기술이 발명되는 경우가 많다. 새로운 아이디어가 자기 분야에서 동료보다 더 많은 지식을 가진 노동자에게서 나오는 것이 당연하고, 실제로 그들에게서 나온다.

만약 책을 읽지 않은 노동자에게서 새로운 아이디어가 나왔다면, 그는 책을 읽지는 않았어도 분명 주의 깊게 관찰하는 사람일 것이다. 관찰은 최고의 교육이다. 지식을 갖추는 것이 중요할 뿐 그 지식을 얻는 방법은 중요하지 않다. 어떤 문제에 대해 동료들보다 더 많이 알고, 해결책이나 개선책을 제안할 능력이 있다는 사실이 고용주에게 가치 있는 것이다.

제조업자로 살아오면서 우리 회사가 간단한 원칙 하나를 무시해서 많은 오류를 범했음을 알고 있다. 그 간단한 원칙이란 '해당 분야에서 전 세계적으로 이미 개발된 기술이나 방법, 성공과 실패 사례를 관리자들이 철저히 공부하고 검토하기 전에는 절대 새로운 사업에 착수하면 안 된다'는 것이다. 이 원칙을 무시한 탓에 우리 회사는 수십만 달러의 손실을 봤고 그제야 정신을 차렸다.

원대한 야망을 실현할 지식을 쌓고 싶어서 혹은 기존의 방법론을 개선하고 싶어서 카네기 도서관을 찾은 사람에게 하고 싶은 말이 있다. 이 도서관에서는 여러분이 찾는 주제와 관련해 전 세계에서 사용된 기술과 방법론에 관한 정보를 최신 정보까지 제공한다. 기계와 관련한 질문이든, 화학이나 용광로 작업에 관한 질문이든, 여기서 전 세계의 기록을 찾을 수 있다.

만약 자기가 잘못된 길을 걷고 있다면, 이 도서관에서 정보를 습득하며 자신의 잘못을 깨달을 수 있다. 만약 제대로 가고 있다면 여기서 습득한 정보로 더욱 자신감을 얻을 것이다.

폭 넓게 읽고 깊이 생각하라
+

노동자로서 존중받고 싶다면 유용한 지식을 배워 역량을 키워야 한다. 지식을 습득하자. 독서에 취미를 들이고 자신이 뛰어들 사업과 관련해 과거에 어떤 일들이 있었고, 현재 어떤 변화가 일어나고 있으며, 앞으로 어떤 신기술이 업계를 주도할지 파악해야 한다. 특히 자기 전문 분야에서 그 누구보다 더 많이 알려고 노력해야 한다. 그것을 자기 이상으로 삼아야 한다.

그다음으로 중요한 것이 자기 전문 분야 이외의 주제들을 다양하게 섭렵하며 알아두는 것이다. 그래야 삶이 더 즐겁고 정신이 더 풍요로워질 것이다. 농부가 감자, 옥수수, 밀 같은 작물을 경작해 돈을 버는 일에 힘쓰고, 여유가 되면 집 주변 정원에 꽃을 키우는 것처럼. 하나는 생업이고, 다른 하나는 취미 활동이다.

몇 시간이라도 경제 문제를 공부하는 것은 가장 나은 여가 활용법이다. 몇 가지 중요한 경제 법칙이 있다. 시장에서 이 법칙들을 거스르는 것은 불가능하다. 바로 수요와 공급의 법칙, 경쟁의 법칙, 임금과 이윤의 법칙이다. 이것들은 교과서에도 나온다. 대기의 습도나 지구의 자전을 결정하는 자연법칙을 거스를 수 없는 것과 마찬가지로 이 법칙들을 거스르는 것은 불가능하다.

과학책을 철저히 공부하는 것은 당연하고, 대가들의 문학 작품을 섭렵하는 것 역시 중요한 의무다. 또한, 소설이라고 무시하지 말고 반드시 포함해서 읽어야 한다. 일각에서는 소설을 부정적으로 보지만 내 생각에 그것은 편견이다.

내가 아는 훌륭한 위인 중에는 휴식을 취할 때 즐거움을 얻는 최고의 수단으로 좋은 소설을 꼽는 이들이 많다. 몸과 마음, 특히 마음이 지쳤을 때 좋은 소설을 읽는 시간만큼 유익한 시간도 없다. 공공 도서관에서 많이 읽히는 책이 대부분 소설이라는 사실은 전혀 폄하할 일이 아니다. 힘들게 일하는 사람들이 따분하고 반복적인 일상에서 벗어나 정신을 고양시킬 때 소설 말고 다른 어떤 문학이 그 역할을 잘 해낼 수 있을지 의문이다.

재미도 중요하다. 인생을 너무 심각하게만 받아들이는 것은 잘못이다. 항상 일만 하는 사람이 경주에서 이기리라고 생각한다면 착각이다. 재미를 즐길 줄도 알아야 한다. 무엇이든 순수하게 즐길 수 있고, 일상의 긴장을 풀어주는 것이면 된다. 건강한 웃음보다 더 좋은 것은 없다.

나와 함께 사업하는 동업자들은 나를 보고 젖은 깃털을 터는 오리처럼 고민거리를 가볍게 털어낸다고 자주 말한다. 내 인생이 성공한 것은 바로 그런 태도 덕분이다. 셰익스피어의 시구가 하나 떠오른다.

"근심을 겉옷처럼 몸에 걸치고 사는 자는 어리석다."

People who are unable to motivate themselves
must be content with mediocrity,
no matter how impressive their other talents.

스스로 동기를 부여하지 못하는 사람은
아무리 재능이 뛰어나도 평범하게 살아야 한다.

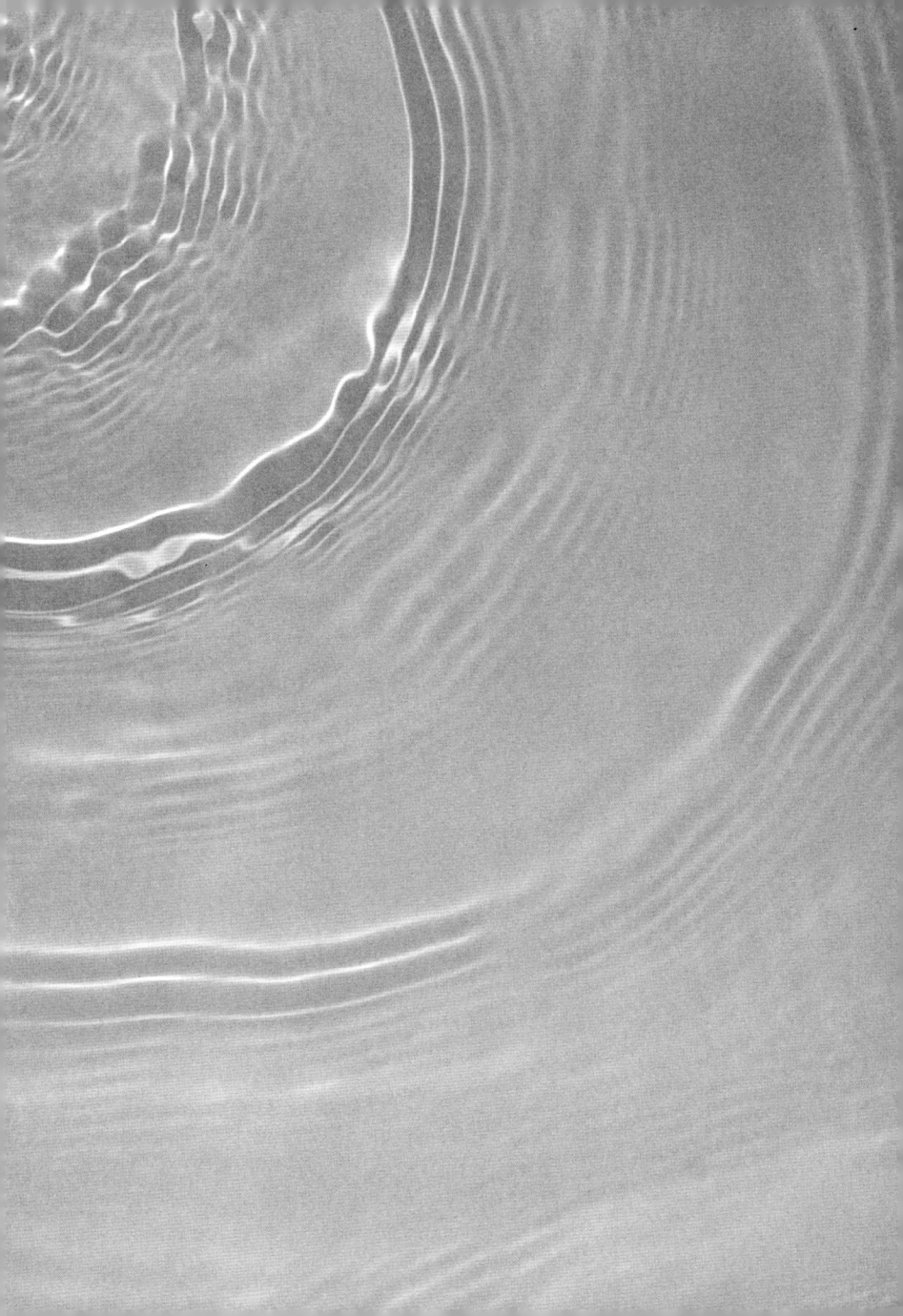

5장

✦

배의 주인이 되어 항해하라

당신만의 배를 띄워라

✳
✳
✳

급여가 아무리 높아도 그것만으로는 거부가 되지 못한다. 사업가는 거부가 되려는 사람이다. 현명한 사업가는 자기 달걀을 전부 한 바구니에 담고, 그 바구니를 끊임없이 지켜본다.

커피를 취급하는 상인이면 커피에만 신경 쓰고, 설탕을 취급하는 상인이면 설탕에만 신경 써야 한다. 커피와 설탕에 모두 신경 쓸 때는 커피에 설탕을 타서 마실 때뿐이다. 석탄을 판매하는 사람이면 검은 다이아몬드(석탄)에 집중하고, 배를 소유하고 운행하는 사람이면 선박 사업에 전념해야 한다. 철강을 제조하는 사람이면 철강에 전념하고, 구리에는 절대 손대지 않아야 한다. 철광석을 채굴하는 사람이면 철광석만 다루고 다른 종류의 광산에는 절대 손대지 않아야 한다.

사람은 한 가지 사업만 철저히 익힐 수 있고, 그마저도 유능한 사람만 해낼 수 있는 일이기 때문이다. 나는 지금까지 서로 다른 두 종류의 사업을 완전히 이해한 사람을 단 한 번도 만나본 적이 없다. 그런 사람을 찾는 것보다 두 언어에 능통해서 두 언어로 동시에 생각하는 사람을 찾는 것이 더 빠를 것이다.

불확실한 사업의 바다를 항해하며 막대한 부를 쌓아 백만장자가 되려는 사람들이 있다. 보통 막대한 부를 손에 넣는 것만을 생각할 테지만, 사업가가 되어 추구할 것이 돈이 전부는 아니다. 사업가의 영역은 뛰어난 능력, 진취성, 활력, 정확한 판단력을 비롯해 인간이 지닌 최고의 자질들을 발휘하는 영역이다. 또한 사업가는 자신이 사회에 유익한 서비스를 제공한다고 느낀다.

나는 사업가로 성공하는 길을 조금이나마 조명해 보려고 한다. 험한 바다에 도사리고 있는 암초와 모래톱들을 짚어보고, 안전하게 운항하는 방법, 그리고 긴 경주에서 이기려면 노를 빠르게 저어야 하는지 느리게 저어야 하는지 등에 대해 몇 가지 조언을 하고자 한다.

고용주는 사업 파트너를 고를 때 가장 먼저 '명예로운 사람'을 찾는다. 설령 고용주를 위한 일이라도 정도를 지키지 않는 사람은 고용주에게 신뢰를 얻지 못한다. 그는 지적인 사람인가? 정확한 지식을 근거로 멀리 내다보며 올바른 판단을 내릴 수 있는가?

인생을 함께할 파트너를 성급하게 결정하는 것이 어리석은 짓인 것처럼, 성공적인 사업 파트너 역시 급하게 맺어지는 경우는 거의 없다. 성공적인 파트너십은 한두 가지 자질로 보장되지 않는다. 능력과 인성을 두루 갖추고, 심한 결점이 없으며 한두 가지 분야에서는 특출한 능력을 지녀야 한다.

요즘은 사업의 규모가 너무 커져서 필요 자본이 수백만 달러에 달하기 때문에 청년이 사업주가 되기 어렵고 평생 월급쟁이로 살 수밖에 없다고 말하는 이들이 많다. 이 말은 대기업에 한해서는 어느 정도 맞다. 대기업 지분은 자본으로만 얻을 수 있으며 막대한 돈을 들여 다량의 주식을 구매해야 한다.

내가 지금 조언하는 청년들은 평생 월급쟁이로 남을 생각이 없고 언젠가는 자기 이름으로 사업체를 세우려는 사람들이다. 따라서 나는 주주에 의해 운영되는 대기업의 일자리가 개인 사업자 밑에서 일하는 것보다 청년들에게 반드시 유리하다고 보지 않는다. 대기업에서 급여를 많이 받을 수는 있겠지만 그 이상 올라갈 자리가 없기 때문이다. 대기업의 사장조차도 결국은 월급쟁이에 불과하므로 엄밀히 말해 사업가라고 할 수 없다. 그렇다면 그 밑에 있는 젊은이가 어떻게 월급쟁이를 벗어날 수 있겠는가?

꾸준함이 천재를 이긴다

+

성공은 정직한 노동, 능력, 그리고 집중력에 달렸다. 복잡할 게 없다. 어떤 업종이든 그 정상에는 항상 뛰어난 사람이 차지할 자리가 있다. 이런 사람들은 후원자를 찾지 않아도 된다. 오히려 고용주들이 어떻게 하면 이들을 붙잡아 둘 수 있을지 고민한다. 모든 전문직이 그렇고 모든 사업이 그렇듯 정상에는 이들을 위한 자리가 항상 남아 있다. 그 정상에 어떻게 오르느냐가 문제다.

답은 간단하다. 해당 사업부에서 일반적인 사람들보다 조금만 더 잘하면 된다. 일반 직원보다 조금만 더 잘하면 성공은 보장된다. 어느 정도 성공하느냐는 평균적인 사람보다 얼마나 뛰어난 능력과 집중력을 보여주느냐에 비례한다. 어느 기업이나 말단 직원부터 그 위로 많은 직원이 있지만, 정상 근처까지 오른 사람은 항상 소수다.

만약 정상에 오르지 못했다면 그 잘못은 타고난 팔자에 있지 않고 자기 자신에게 있다. 실패한 사람은 흔히 성공한 사람이 특출한 재능을 갖고 태어나서, 운이 좋아서, 상황이 그에게 유리해서 성공한 것이라고 말한다. 이는 근거 없는 소리다. 개울을 뛰어서 건너려다가 한가운데 빠져서 물에 휩쓸려 떠내려가는 사람이 있고, 똑같은 개울을 단번에 뛰어넘어 건너편에 도달하는 사람이 있다.

다음 두 사람을 면밀하게 살펴보자.

실패한 사람은 목표를 이룰 방법을 주도면밀하게 계산하지 않은 어리석은 친구다. 훈련도 하지 않았고, 도약할 능력도 없었다. 그저 운에 맡기고 행동했다. 바이올린을 켤 줄 아느냐는 질문에 "켜는 방법도 모르겠고, 시도해 본 적도 없다"라고 답하는 것과 다르지 않다.

이에 비해 개울을 가뿐히 뛰어넘은 사람은 부지런히 훈련했고, 자신이 얼마나 멀리 뛸 수 있는지 알았다. 그리고 한 가지 분명한 사실이 있었다. 적어도 개울 한가운데를 피해 멀찍이 착지할 수 있는 만큼 혹시 물에 빠지더라도 거기서부터 걸어 나올 수 있고, 다시 시도하면 된다고 판단했다. 그는 좋은 판단력을 지녔다.

평판 또한 매우 중요하다. 자기가 시작한 일을 반드시 해내는 사람은 해마다 활동 영역이 확장되고 더 비중 있는 임무를 부여받는다. 반면에 실패를 쉽게 인정하고 재기하려고 친구에게 도움을 구하는 사람은 정말로 힘든 처지에 놓이게 된다.

투기의 유혹에 빠지지 마라

+

모든 순정 동전에는 위조 동전이 있듯이 사업에는 투기라는 위조품이 있다. 사업가는 항상 수익을 얻는 대가로 그에 상응하는 사회적 효용을 제공한다. 사업가의 기여는 필수적이고, 사회에 혜택을 가져온다. 이뿐 아니라 사업가는 국가의 자원을 꾸준히 개발하며 인류의 진보에도 기여한다. 한마디로 사업가란 순정 동전과 같다.

반면, 투기꾼은 사업가들의 노동에 붙어사는 기생충과 같다. 투기꾼은 아무것도 창출하지 않고, 사회에 필요한 것을 공급하지 않는다. 투기꾼이 이기면 가치 있는 것을 제공하지도 않고 사회에 기여하는 것도 없이 돈만 챙겨 떠난다. 투기꾼이 지면 곁에 있던 다른 투기꾼이 그 돈을 모두 가져간다. 즉, 투기는 순전히 투기자들 간의 도박이고, 양쪽 모두 타락시킨다.

정직한 사업가이면서 동시에 투기꾼이 될 수는 없다. 한쪽의 행동 방식과 목적은 다른 쪽과 근본적으로 충돌한다. 사업가를 신뢰하는 사람들은 그가 사업 원칙을 엄격히 준수할 것으로 기대한다. 채권자가 감수하는 것은 일반적인 사업의 위험이지, 투기의 위험이 아니다. 순정과 가품 사이에는 공통점이 없다.

일단 시작하라
+

자기 사업을 시작한 사람들 가운데 95%가 실패한다는 사실은 믿기 어려울 정도지만, 실제로 그러한 통계가 있다. 물론 통계 수치는 해석하기 나름이라지만, 실패하는 비율이 상당히 높다는 사실만큼은 분명하다. 스스로 주인이 되려는 창업 의지를 꺾으려고 이 말을 한 게 아니다. 전혀 그런 의도가 없다. 물론, 유망한 사업가라면 누가 무슨 말을 하든지 쉽게 낙담할 인물은 아닐 것이다.

사업가가 되기로 결심한 젊은이는 어떤 장애물을 만나도 좌절하지 않고, 다른 길로 들어서지도 않을 것이다. 그는 일을 시작하고 경험을 쌓을 것이다. '성공하든 실패하든' 어쨌든 시도할 것이다. 시도하지 않는 한 자신의 능력을 알 길이 없다. 평생 월급이나 받고 일하는 삶에 안주할지 결정할 시간은 충분하다. 일단 사업을 시도해 보고 자기가 재능이 있고 필요한 자질을 모두 갖추었는지 확인한 뒤에 해도 늦지 않는다.

젊은 인재를 사업 파트너로 승진시키는 회사가 많다. 이러한 승진은 날마다, 해마다, 어느 회사, 어느 도시에서 반드시 일어난다. 기업이 존속하려면 항상 젊은 피가 공급되어야만 하기 때문이다.

A business is seldom if ever built up
except on lines of strictest integrity.

사업은 엄격한 정직성의 원칙 위에 서야
비로소 성장한다.

사업가가 되면
세상이 넓어진다

✳
✳
✳

사업가의 경력이 다른 경력과 비교하여 사람들에게 어떤 영향을 미치는지 몇 가지 언급하고 넘어가겠다.

먼저, 예술가의 진로를 걷는 사람은 사고가 편협해져서 마음에 소심한 질투심과 끝없는 허영심을 품게 되기 쉽다. 이것은 사업가의 진로를 걸을 때 나타나는 현상과 큰 대조를 이룬다.

음악, 회화, 조각 등 예술은 본래 그 일에 종사하는 사람들에게 긍정적 영향을 끼칠 것처럼 보인다. 그러나 직접 경험해 본 바로는 정반대다. 이는 예술가의 진로가 그 종사자들에게 끼치는 일반적인 영향에 대해 이야기하는 것이니 오해하지 마시라. 어느 분야나 일반적인 평가에 들어맞지 않는 만드는 예외는 존재하기 마련이다.

전문교육을 받아야만 하는 전문직의 경우에도 전문화 때문에 편협해지는 결과가 매우 두드러진다. 오늘날 성직자의 진로에서는 이런 영향이 두드러지지 않는다. 이는 종교계 리더들이 과거에 비해 훨씬 폭넓은 주제들을 허용하면서 상대적으로 신조나 교리를 덜 다루고 인생의 여러 단계에서 접하는 현실적인 악습과 결점들을 더 많이 다루기 때문이다. 이러니 사고의 폭이 자연스럽게 넓어진다.

법조계 사람들은 자기 분야는 확실하지만 다른 분야는 모르는 협소한 지식인이 된다는 통념이 존재하고, 아무리 위대한 법조인도 사람들을 통솔하는 지위나 권력의 자리에 오른 경우는 거의 없다는 말이 있다. 이것은 법을 공부한 사람들이 모두 형편없는 입법가나 정치인 혹은 지배자가 된다는 의미가 아니다. 만약 다수의 법조인이 정말로 형편없었다면 주로 법조인들에 의해 돌아가는 법치국가인 미국은 위기에 봉착했을 것이다.

하지만 가장 유명한 위인들 중에 법조인이 없다는 것만은 분명한 사실이다. 즉, 법률 공부가 정치인들에게 주는 수많은 이점 덕분에 법조계를 넘어 사고의 폭을 넓히며 성장하기는 하지만, 이 전문직 출신 중에 최고의 반열에 오른 사람은 없다는 말이다. 알다시피 위대한 판사는 이미 확립된 법률과 판례를 다루는 사람이다. 법조인은 판례를 따라가지만, 많은 사람을 이끌어야 하는 통치자는 선례를 만든다.

세상 전체를 읽는 사업가의 눈
+

보아하니 자기 분야는 확실하지만 타 분야는 모르는 협소한 사고방식을 전문가다운 사고방식이라고 부르는 것 같다. 사업가에 대해 말하자면, 사업에 몸담은 사람은 늘 변화하는 다양한 질문을 다루어야만 한다는 것이다.

따라서 사업가는 수많은 주제에 대한 지식에 근거해 종합적으로 판단하는 능력을 갖추어야 한다. 오늘날 위대한 상인과 사업가는 자국의 물리적 여건, 자원, 각종 통계, 농작물, 수로, 재정 상태, 즉 현재 상황에 영향을 미칠 뿐 아니라, 어느 정도 확실하게 미래를 예측할 수 있는 근거가 되는 모든 조건을 파악하고 있어도 충분치 않다.

전 세계로 사업을 확장한 상인은 진출한 나라에 대한 기본 지식도 있어야 하지만, 그 나라들과 관련된 중요한 사건들도 파악해야 한다. 사업을 확장한 이상 상인은 전 세계를 시야에 두는 폭넓은 관점을 지녀야 한다.

매 순간 그의 활동에 영향을 미치는 사건이 발생하기 마련이다. 이를테면, 콘스탄티노플(현 이스탄불)의 정치적 혼란을 비롯해 동양의 콜레라 유행, 인도의 몬순, 내각의 퇴진, 전쟁의 위험, 중재에 의한 분쟁 해결 가능성 등, 전 세계에서 일어나는 일 중에 그가 신경 쓰지 않아도 될 일은 없다.

진짜 사업가의 조건

+

사업가는 탁월한 판단력이라는 극히 드문 자질을 갖춰야 한다. 그는 수천 명의 직원을 고용할 때가 많고, 개성이 다양한 사람들에게서 최선의 결과를 끌어낼 줄 알아야 한다. 조직력(이 역시 보기 드문 자질이다)이라는 재능도 갖춰야 하고, 실행력도 갖춰야 한다. 그뿐 아니라 결정은 현명하고 신속해야 한다.

이처럼 희귀한 자질들이 반드시 필요한 분야는 사업 말고는 없다. 그러므로 사업가의 진로를 택한 사람은 통찰력을 날카롭게 다듬고 폭넓게 판단하는 힘을 기르게 된다. 사업은 다른 진로와 다른 까닭에 협소한 관점에서 두뇌를 쓰며 전문화를 지향하기보다 폭넓은 데이터를 바탕으로 종합적으로 판단하는 역량을 기르게 된다.

이렇게 다양한 문제를 접하고 폭넓은 시야를 갖춰야 하는 전문 분야는 사업 외에는 없다. 그러므로 사업가의 진로에 헌신하는 이들의 지적 능력이 자연히 증진되고 확장된다고 보아도 무방할 것이다. 반면, 전문직의 진로는 훨씬 고상하다고 말할 수 있다. 전문직은 속되게 영리 활동을 주된 목적으로 삼지 않으며, 따라서 사업가의 진로에 도사리는 중대한 위험들로부터 자유롭다.

단언컨대, 정직하고 명예로운 거래, 흠잡을 데 없는 습관과 올곧은 생활, 모든 인간관계에서 좋은 분별력과 보기 드문 판단력을 보여주지 않고서는 영구적인 성공을 거둘 수 없다. 언행이 어리석거나, 일관성이 없거나, 교활한 속임수를 쓴다는 의심이 드는 것만으로도 그 사업가는 곧바로 신용과 신뢰를 잃기 때문이다.

모든 전문직은 바보 같은 사람도 성공할 여지가 있다. 자기 전문 분야 밖에서는 아이처럼 어리석어도 자기 분야에서만큼은 성공할 수 있으니까. 그러나 어리석은 사업가가 성공한 예는 단 하나도 없다. 건전하고 전체적으로 균형 잡힌 판단력이 없으면 반드시 실패한다.

나는 여러분에게 사업가의 진로를 택하라고 자신 있게 권할 수 있다. 사업은 인간이 지닌 최고의 능력과 선한

성품을 발휘할 수 있는 여지가 많은 분야다. 나는 위대한 상인, 은행가, 산업 지도자의 길을 걷는 것이 인류의 지적 능력을 높이고, 다양한 요소를 종합해 올바르게 결정할 수 있는 판단력을 성장시키며, 편견에서 벗어나 열린 마음을 유지하는 데 유익하다고 믿는다.

허튼 생각으로 사업에 뛰어든 사람에게는 사업가의 진로야말로 가장 천박한 진로가 될 것이다. 사업에 발을 내디딘 대다수 젊은이가 제일 먼저 돈을 벌 궁리를 하는 것은 당연하다. 가슴에 손을 얹고 생각해 보면 누구나 이 말에 공감할 것이다. 돈을 버는 것을 제일 먼저 고려할 수 있지만, 마지막까지 돈 벌 궁리만 해서는 안 된다.

사업가는 사회에 큰 효용을 제공할 수 있다. 국가의 자원을 개발하고, 수천 명에게 일자리를 제공하고, 인류에게 큰 혜택을 주는 발명품을 개발하여 인류의 진보를 돕는다. 성공적인 사업가는 돈을 벌려고 일한다는 주된 목표를 일찌감치 넘어선다.

돈을 번다는 생각은 앞서 언급한 사업가의 여러 가지

효용에 대한 생각으로 대체된다. 상인은 전 세계로 사업을 확장하며 각 대양을 넘나드는 선박들을 보며 돈을 번다는 표면적인 목적보다 더 큰 자부심을 느낀다. 제조업자는 그가 고용한 노동자들과 제조품, 기계 설비, 혁신, 공장과 제조 기법의 완벽함을 보며 자부심을 느끼고 보상을 받았다고 생각할 것이다. 그가 큰돈을 벌고 만족스러운 것은 그것이 단순히 금전이기 때문이 아니라 성공을 의미하기 때문이다.

사업에는 따분한 면도 있지만 낭만적인 면도 있다. 한 젊은이는 금융 회사에서 사회생활을 시작해 철도 회사 채권을 비롯해 상인 및 제조업자가 놀라운 성과를 올리도록 대출해 준 자금 등, 수백여 가지 방식으로 투자된 자본을 다루며 사업가로 성장한다.

그는 자신이 하는 사업에서 로맨스도 발견하고, 무한한 상상의 여지를 발견한다. 그는 전 세계 어느 곳에 있는 사람에게든 대출해 줄 수 있다. 그가 쓴 간단한 편지 한 통이면 여행자가 지구의 오지를 다녀올 수 있다. 그는 위대한 거상 리처드 모리스가 독립 혁명 당시 워싱턴 장군을 도왔듯이, 혹은 오늘날 위대한 금융가들이 여러 위기 때 재난을 극복하기 위해 정부에 금을 제공했듯이 위기가 닥쳤을 때 나라를 위해 재정적으로 기여할 수도 있다.

All human beings can alter their lives
by altering their attitudes.

모든 인간은 태도를 바꿈으로써
삶을 바꿀 수 있다.

6장

✦

진정한 부는 나눌 때 완성된다

함께 노를 젓는 법

✳
✳
✳

　사업은 모든 덕목을 단련하는 엄격한 학교와 같다. 사업가들이 가는 길에는 다른 길에서는 보장할 수 없는 숭고한 보상이 있다. 그것은 바로 사회에 선행을 베풀 역량을 갖추게 된다는 것이다.

　미국에 설립된 대학, 도서관, 교육기관을 세운 주역은 바로 사업가들이다. 필라델피아의 지라드 대학, 펜실베이니아의 리하이 대학, 시카고 대학, 하버드 대학, 예일 대학, 코넬 대학 등 그 이름만 봐도 알 수 있다.

사람이 세상에 남길 수 있는 유산 가운데 이처럼 많은 선을 낳고, 수많은 후학의 축복 속에 창립자의 이름을 길이 기념할 수 있는 유산이 또 있을까? 수많은 젊은이가 대학에서 건전한 정신과 인격을 함양하며 인생에서 가장 귀중한 자산을 일군다. 이는 바로 자신이 소유한 잉여 재산을 신성한 신탁 자산으로 여기고 생전에 이웃 공동체를 위해 선용한 사업가들이 이룩한 업적이다.

돈 모으기에 급급하다고 비난받는 사업가들도 있지만, 우리는 토머스 크롬웰이 울지 추기경을 두고 했던 말을 사업가에게 적용할 수 있다.

"재산을 모으는 데 탐욕을 부렸을지라도, 베풂에 있어 그는 고귀한 왕과 같았으니 바로 이 학문의 전당이 그를 영원히 증언할 것이다."

어느 위대한 철학자에 따르면, 이 세상에 사는 동안 얻을 수 있는 가장 크고 높은 보상은 돈으로 행복을 사는 것이다. 나 역시 가장 큰 행복을 돈으로 샀다. 나는 동료 노동자들이 자립할 수 있도록 도울 기회를 얻었다. 내가 펜실베이니아주 브래독에 설립한 도서관은 노동자들이 고용주에게 더 가치 있는 존재로 성장할 기회를 줄 것이다. 그들이 여기서 쌓을 지적 자본은 시간이 흘러도 가치가 떨어지거나 훼손되지 않는다.

같은 배를 탄 동반자와 협력하자
+

불행하지만 수천 명의 노동자를 고용한 대기업 중심으로 산업이 돌아가는 것은 거스를 수 없는 흐름이다. 이런 조건 아래서는 고용주와 노동자가 과거처럼 친밀한 관계를 유지하기가 불가능하다.

제조업이 소규모로 운영되던 시절에는 노동자들과 고용주가 서로 이웃하며 지내고, 지금보다 훨씬 친밀하고 만족스러운 관계를 유지했다. 과거 소수의 노동자와 수습생만으로 물건을 만들 때는 고용주가 모든 직원을 알고 친하게 지낼 기회가 있었기에 직원으로서만이 아니라 한 인간으로서 그들 각자가 지닌 장점을 파악할 수 있었다.

반대로 노동자들도 고용주와 더 가까이 접촉하며 고용주가 어떤 사업을 하고, 무엇을 고민하며, 사업을 성공시키려고 얼마나 애쓰는지 알 수 있었다. 무엇보다 고용주의 됨됨이를 어느 정도 파악할 수 있었다.

이제는 모든 것이 변했다. 고용주는 노동자들을 그저 기계 부품처럼 느끼고, 노동자들은 고용주를 거의 신화 속 인물처럼 멀게 느낀다. 어느 쪽에서든 안타까운 결과다. 이 문제를 해결할 방법은 없어 보인다. 고용주가 수천 명의 노동자를 일일이 알고 지내기란 현실적으로 불가능하다. 그렇다고 노사 간의 유대가 완전히 단절되어서도 안 되기에 고용주는 노동자들과 유대감을 형성할 수 있는 다른 방법을 찾아야 한다.

고용주는 노동자들의 고된 노동을 밑거름으로 기업이 성공을 거두는 것임을 기억하고, 노동자들의 삶이 나아지도록 수익 일부를 도서관이나 협동조합 상점 같은 시설을 세우는 데 투자해야 한다. 노동자들은 이러한 시설을 적

극 활용하는 것으로 고용주의 배려에 응답해야 한다. 이러한 방식으로 우리는 과거의 노사 관계처럼 서로 신뢰하고, 배려하고, 인정하고, 존중하던 분위기를 어느 정도 유지할 수 있을 것이다.

제조업자들 중 노동자들의 삶을 개선하는 일에 책임감을 느끼는 고용주가 늘어가는 것을 보니 기쁘다. 더 중요한 점은 노동자들도 스스로 자신들의 이익을 대변할 조직을 만들려는 움직임을 보인다는 사실이다. 남에게 도움을 받는 것도 좋지만, 사람이 자기 앞가림 정도는 스스로 하려고 노력할 때 가장 좋은 결과를 얻는다.

지금까지 나는 고용주와 노동자 간의 상호 이해와 동반자 관계를 만드는 일이 얼마나 중요한지 언급했다. 자본가와 노동자의 이익은 하나이다. 노동자를 자본가와 대립하게 만드는 사람은 노동자의 적이다. 자본가를 노동자와 대립하게 만드는 사람은 자본가의 적이다.

노동자와 고용주 간의 분쟁에서 가장 안타까운 점은 고용주가 노동자의 임금을 낮췄다기보다 노동자들끼리 서로 경쟁하듯 임금을 낮추고 있다는 것이다. 주변을 보라. 어떤 공장에서는 노동자들이 10%, 20%, 심지어 30%나 적은 임금으로 일한다. 존스타운이나 해리스버그에서는 이곳 피츠버그에서 숙련 노동자에게 지불하는 임금의 절반도 안 되는 돈으로 일한다.

그러니 마음속으로 고용주를 탓하지 말고, 임금을 삭감한 것을 후회하는 고용주나 임금을 줄이지 않으려고 버티며 시장보다 더 높은 임금을 주고 몇 년을 운영하다가 결국 경쟁자들과 같은 임금을 줄 수밖에 없다고 솔직히 말하는 고용주들을 노동자의 진정한 친구로 여겨야 한다.

앞장서서 임금을 깎는 고용주는 노동자의 적이다. 하지만 마지막까지 버티는 고용주는 노동자의 가장 든든한 친구일 수 있다. 노동자의 진짜 적은 고용주가 아니라 노동자일 수 있다.

No person will make a great business
who wants to do it all himself or get all the credit.

모든 것을 혼자 하거나 공로를 독차지하려는 사람은
위대한 사업가가 될 수 없다.

세 다리 의자

+

산업 세계에서 기업을 시작하려면 세 주체가 협력해야 한다. 첫 번째는 자본이다. 순서상 처음일 뿐 가장 중요하다는 뜻은 아니다. 자본 없이는 막대한 비용이 들어가는 건물이든 설비든 그 무엇도 세울 수 없다. 자본은 물질에 생명을 불어넣는 요소다.

자본이 건물을 세우고 설비를 갖추어 생산의 기틀을 마련하면, 두 번째 주체가 등장한다. 그것은 경영 능력이다. 자본은 제 역할을 다했다. 생산을 위한 모든 수단을 마련했기 때문이다. 그러나 유능한 경영자가 이를 운영하지 않는다면, 자본이 쌓아올린 모든 것은 곧 허물어진다.

마지막으로 세 번째 주체가 합류한다. 마지막이지만 중요성에서는 결코 뒤지지 않는다. 바로 노동이다. 노동이 제 역할을 하지 않으면 아무 일도 이루어지지 않는다. 자본과 경영 능력이 아무리 훌륭해도 노동이 그 힘을 더하지 않으면 모두 죽은 것이나 다름없다. 노동의 손이 움직이기 전에는 산업의 바퀴는 꿈쩍하지 않는다.

자본, 경영 능력, 노동. 이 세 요소 가운데 어느 것이 더 중요한가를 두고 수많은 논문이 쓰일 수도 있겠지만 논쟁이 아무리 이어진들 결론은 달라지지 않는다. 정치 경제학자를 비롯해 철학계와 종교계에서 수세기 동안 각자의 견해를 설파했지만 딱 부러지게 결론이 나지 않았고 앞으로도 그럴 것이다. 어느 하나가 더 중요하거나 덜 중요한 게 아니라 똑같이 중요하기 때문이다. 이 세 요소에는 순서를 매길 수 없다. 우선순위가 따로 없다. 세 주체는 산업 경제를 움직이는 삼중 동맹의 동등한 구성원이다.

역사적으로 보면, 자본이나 경영 능력보다 노동이 먼저 존재했다. '아담이 땅을 일구고, 이브가 실을 짤 때' 아담에게는 자본이 없었다. 창세기에서 전개되는 이야기를 보면 두 사람 모두 특별한 경영 능력을 지녔다고 보기도 어렵다. 그러나 이는 산업주의 시대가 오기 전, 그러니까 거대한 자본 투자가 필요하지 않았던 시절의 일이다.

오늘날 자본, 경영 능력, 육체노동은 세 다리 의자와

같다. 세 다리가 모두 견고하지 않으면 의자가 바로 설 수 없다. 셋 중 하나라도 흔들리거나 부러진다든지 혹은 빠져버리면 의자는 곧바로 땅에 쓰러진다. 그리고 이 다리를 다시 똑바로 고치기 전까지 의자는 아무 쓸모가 없다.

만약 자본이 다른 두 다리보다 더 중요하다고 생각하는 자본가가 있다면 그는 잘못 생각하고 있는 것이다. 자본이 제대로 서려면 나머지 두 다리가 지지해야 한다. 경영 능력과 노동 이 두 요소가 반드시 필요하고, 둘 가운데 하나라도 없으면 자본가는 곧 무너지고 만다. 경영 능력이 가장 중요하다고 생각한다면 이 또한 오산이다. 자본과 노동이라는 다리 없이는 경영 능력 또한 아무 힘을 발휘할 수 없다.

끝으로, 자본이나 경영 능력보다 노동이 더 중요하다고 여긴다면 이 또한 크나큰 오산임을 잊지 말아야 한다. 과거에 발생한 여러 갈등과 비극의 뿌리에는 이처럼 잘못된 믿음이 자리한다.

세 요소는 각기 동등한 동반자로서 위대한 유기체를

이룬다. 셋이 힘을 합치면 놀라운 성과를 이루지만, 따로 떨어지면 그 어느 것도 별로 가치가 없다. 더러는 불행한 갈등으로 서로 깊은 생채기를 내기도 했지만, 이 세 요소는 지난 세기에 역사상 가장 풍요롭고 유익한 시대를 함께 건설했다. 인류는 물질적으로나 도덕적으로 그 어느 때보다 나은 삶을 누리고 있으며, 나는 인류가 장차 우리가 상상하는 것보다 더 높이 날아오를 것을 믿는다.

자본, 경영 능력, 노동. 이 셋은 반드시 하나가 되어야 한다. 이 셋 사이에 불화를 조장하는 자는 결국 셋 모두의 적이다.

함께 나아갈 때 모두가 이긴다
+

세상의 기존 질서를 송두리째 바꿀 혁명이 일어날 거라고 먼 미래를 가늠하며 이러쿵저러쿵하는 것은 현명하지 않다. 천 년, 아니 백만 년 후에 무슨 일이 일어날지 추측하는 것은 우리가 할 일도 아니고 알 방법도 없다. 우리가 할 일은 지금 이 시대, 이 세대에 집중하는 것이고, 당장 할 일이 무엇인지 분별하는 것도 쉽지 않다.

인류는 한 걸음, 한 걸음 천천히 위로 나아간다. 진보의 길로 나아가려면 그 발판을 스스로 만들어야만 한다. 조지 허버트 시인이 "자연은 저절로 진보하는 것이 아니라 그 수단을 만들어 냄으로써 나아간다"라고 말했듯이 그게 자연의 법칙이다.

이상 세계를 바라보며 현실을 단숨에 뛰어넘으려 하면 더 낮은 곳으로 추락할 뿐이다. 그러니 먼 미래를 추측하는 데 골몰하는 것은 시간 낭비다. 우리는 그 귀중한 시간으로 오늘 할 일을 완수하고, 다음 단계로 나아가야 한다.

이런 점에서 영국의 전 총리 글래드스턴 씨의 제안은 대단히 시의적절하다. 현재의 상황과 조건을 수용하고 그 안에서 목표를 실현할 수 있도록 길을 찾는다. 글래드스턴 씨는 오랜 공직 생활 동안 다양한 계층의 요구를 파악하고 이를 공통의 목표로 재구성함으로써 구체적이고 실

용적인 결과를 도출하는 데 탁월했다. 그의 사명은 불필요한 저항이나 충돌을 억제하고 진보와 중도와 보수를 하나의 공동 목표 아래 묶는 것이었다.

아울러 글래드스턴 씨는 사회적 약자와 빈곤층에 책임감을 느끼는 사람들이 형제애를 바탕으로 연대하고 단체를 조성할 것을 제안했다. 그의 건설적인 문제 해결 능력이 돋보이는 대목이다. 누구나 이 단체에 참여할 수 있다. 참여한 이들은 자신의 잉여 재산 중에 타인에게 얼마를 사용할지 스스로 결정할 자유가 있다. 그 비율에는 아무 제한이 없고, 그 돈을 누구에게 또 어떻게 쓸지에 대해서도 간섭하지 않을 것이다.

이런 취지의 단체들이 머지않아 세계 곳곳에 생겨날 것으로 기대해도 좋다. 각 단체의 대표들이 주기적으로 한자리에 모여 형제애를 다짐하고 서로의 의지를 북돋으며 인류의 삶을 개선하고 부자와 빈자 사이의 간극을 좁히는 데 힘쓸 것이다. 그중에는 '우리가 남에게 얼마나 베풀어야 하느냐'가 아니라 '우리가 감히 재산을 얼마나 소유할 수 있는가?'를 고민하는 이들이 있을 것이다. 이런 사람들이 바로 가장 진보한 자들이다.

그 반대편에는 부와 지위를 자식에게 물려주는 게 마땅하다거나 화려한 씀씀이로 사회적 품위를 지켜야 한다고 주장하는 이들이 자리한다. 그리고 이 두 입장 사이에는 생각과 태도가 조금씩 다른 사람들이 자리한다. 하지만 이들 모두가 함께 하나의 커다란 행렬을 이루어 더 높은 단계로 인류를 이끌어갈 것이다. 모두가 똑같이 환영받고 또 서로에게 필요한 존재가 된다.

이 단체의 구성원에게 요구되는 자세는 단 하나다. 필요 이상으로 많이 소유한 부를 관리할 책임이 있음을 깊이 자각하고, 양심에 따라 일정한 부를 혹은 잉여 재산 전부를 자신보다 형편이 어려운 이들을 위해 사용하면 된다. 그것이 어떤 방식으로 쓰이든 수혜자가 성장하고 그 삶을 개선할 수 있는 방향으로 쓰인다면 그로써 충분하다.

글래드스턴 씨의 제안이 그에 상응하는 지지를 얻는다면 그는 정치를 넘어선 영역에서도 자기 삶의 가치를 증명하게 될 것이다. 정치와 동떨어진 이 영역은 다툼과 질투, 사적인 이익, 이기적인 야망을 배제하고 숭고한 대의 아래 평화와 선의와 형제애가 넘치는 곳이어야 한다.

정직하고 선한 사람들 그러니까 자신이 처음 만난 세상보다 조금이라도 더 나은 세상을 만들고 싶어 하는 사람이라면 누구나 글래드스턴 씨가 제안한 이 새로운 사역이 성공하기를 기원할 것이다. 이 사역은 '방대하여 조급하게 서두를 수 없고, 경쟁의 잣대로 평가할 수 없는 숭고한 과업'이다.

The sole purpose of being
rich is to give away money
부자가 되는 유일한 목적은
돈을 나누어 주는 것이다.

진정한 부자가 되는 길

✳
✳
✳

　오늘날의 기술 개발과 발명으로 산업과 상업 분야의 사업이 소수의 대기업으로 집중되는 현상이 발생한다. 일례로 베세머 공정으로 강철을 생산하려면 한 장소에 수천 명의 노동자가 필요하다.

　베들레헴 철강 회사가 700만 달러를 지출했듯이 선박의 장갑판을 제조하려면 엄청난 비용을 먼저 투자해야 한다. 면직물 한 마를 생산해도 세계 시장과 저렴한 가격으로 경쟁하려면 거대한 공장을 짓고 수천 명의 노동자를 고용해야 한다. 여러분이 사는 지역의 대규모 전기 회사가 성공한 것도 수백만 달러를 투자했고, 대규모 인력이 일할 수 있었기 때문이다. 이런 상황에서는 경제가 호황일 때 필요 이상으로 많은 부가 소수에게 집중되는 현상은 불가피한 일이다.

개인의 필요를 초과한 많은 부가 소수에게 집중된다면 그들이 마땅히 해야 할 의무는 무엇일까? 수많은 재산을 일구는 노력이 사업을 둘러싼 야비한 이전투구가 아닌 고귀한 일이 될 수는 없을까?

존경받을 만한 사람이 되어라

+

자신이 소유하게 된 막대한 부를 신성한 신탁으로 여기고 사람들에게 가장 유익하게 쓰는 것이 가장 고귀한 방식이다. 인간은 빵만으로는 살 수 없다. 하루에 5센트나 10센트씩 수천 명에게 분배해 봤자 그 효과는 크지 않다.

그 돈을 모아서 기금을 조성하고, 쿠퍼 인스티튜트를 설립한 것처럼 여러 세대에 걸쳐 그 유익함이 지속되는 공공기관을 기증하는 것이 좋다. 그렇게 쓰인 돈은 사람들의 지성과 정신을 고양한다. 비록 가난하지만 뜻이 있는 청년이 위로 오를 수 있는 사다리 역할을 한다.

분명히 말하지만, 스스로 돕지 않는 사람을 아무리 도우려 해봤자 소용이 없다. 사다리를 오를 마음이 없는 자를 억지로 밀어 올릴 수는 없지 않은가. 그런 사람은 우리가 손을 떼는 순간 곧바로 떨어져 몸을 상할 뿐이다.

내가 지금까지 거듭 강조했던 말이지만 이 자리에서 다시 반복한다. 새로운 시대가 열리고 있다. 부자가 생전에 자기 뜻대로 처분할 수 있었음에도 막대한 재산을 쌓아두기만 하다가 세상을 떠난다면 그 죽음을 부끄럽게 여기는 시대가 올 것이다.

물론 사업을 하다 갑작스럽게 세상을 떠나는 바람에 재산을 처분하지 못하는 경우는 예외다. 그 사업 자본은 세상에 유익한 가치를 만들어 내는 수단이기 때문이다.

내가 말하는 것은 수많은 유가증권을 붙들고 있다가 그대로 죽는 사람들이다.

잉여 재산을 살아있을 때 사회에 환원한다면 그 부는 공동체에 축복이 된다. 그렇게 하면 엄청난 부를 쌓는 사업가도 그저 돈을 버는 사람이 아니라 사회에 유익한 직업인이 될 수 있다. 생명을 살리는 의사가 칭송받듯이 사업가도 존경받게 될 것이다. 그도 어떤 면에서는 사회의 질병을 돌보고, 예방하는 의사라 할 수 있기 때문이다.

어쩔 수 없어서든 스스로 바라서든 사업을 하며 부를 쌓고자 한다면 이런 생각을 품기 바란다. 모든 부자는 영국의 전 총리 피트의 묘비에 쓰인 것과 같은 비문을 자기 무덤에도 새길 수 있기를 바라야 한다.

"청렴하게 살다가 가난하게 떠났노라."

미래 세대가 진정으로 존경할 사람은 바로 이런 사람이다. 반면에 나이 들어 사업에서 은퇴하고 수백만 달러의 자산을 손에 쥔 채로 세상을 떠난다면 그 사람을 슬퍼하거나 기억하거나 칭송할 사람은 아무도 없을 것이다.

어떤 부자로 기억되고 싶은가

+

인간의 삶에 주어지는 기회는 빈약하고 유한하며, 우리의 시야는 좁고, 우리가 혼신의 힘을 다한 일일지라도 결코 완전하지 않다. 하지만 부자들에게는 헤아릴 수 없이 귀한 특권이 하나 있으므로 마땅히 이에 감사해야 한다. 부자들은 생전에 자선 사업을 조직하고 실천함으로써 수많은 이들을 오래도록 이롭게 할 힘이 있다. 그렇게 해서 이들은 자신의 삶에 고귀한 의미를 부여한다.

인간으로서 최선의 삶에 이르는 길은 톨스토이가 말한 대로 예수 그리스도의 삶을 그대로 모방하는 길은 아닐 것이다. 대신에 그리스도의 가르침을 현대적 맥락에 맞게 재해석하고 시대에 맞는 방식으로 실천함으로써 이웃을 이롭게 하는 데 힘써야 한다.

내가 생각하는 부자의 의무란 다음과 같다. 부를 과시하거나 사치하지 말고, 소박하고 단순한 삶의 본보기가 되어야 한다. 자신이 돌보는 사람들의 생활 자금을 책임지고 이를 초과하는 재산은 모두 자신의 소유가 아니라 신탁 자금으로 생각해야 한다. 부자는 이 자금을 관리할 책임이 있으며 신탁관리인으로서 공동체에 가장 유익한 결과를 낼 수 있도록 운용해야 한다.

다시 말해, 부자는 가난한 이웃을 위한 신탁관리인이자 대리인에 불과하고, 자신의 지식과 경험, 자금 운용 능력을 활용해 이웃이 직접 운용할 때보다 더 나은 성과를 내야 한다.

여기서 우리는 어려운 문제에 부딪힌다. 가족에게 남길 생활 자금으로는 얼마가 적당한지, 소박하고 단순한 삶이란 어떻게 사는 삶인지, 사치의 기준이 무엇인지 정하기가 쉽지 않기 때문이다. 개인이 처한 상황에 따라 기준이 달라질 수밖에 없다.

정확한 금액이나 행동을 콕 집어 기준을 명시하기는 불가능하다. 이는 마치 품격 있는 삶의 기준과 예의범절의 규칙을 구체적인 수치로 정의하기 어려운 것과 같다. 그럼에도 보편적으로 통하는 진리는 있기 마련이다. 명확하게 규정할 수는 없어도 그냥 아는 것들이 있다.

옷차림에 좋은 취향을 구분하듯이 돈을 쓰는 문제에도 품격이 있다. 무엇이든 지나치게 두드러지는 건 규범에 어긋난다. 가령 어떤 집안 사람들이 호화롭고 사치스러운 저택, 식탁, 자동차 같은 품목에 돈을 펑펑 쓰고 오로지 자신의 부를 과시하고 자랑하는 걸로만 유명하다면, 그 가족의 인격이나 교양 수준을 가늠하기는 어렵지 않다.

잉여 재산을 어떻게 쓰고 또 남용하는지, 좋은 일에 아낌없이 베푸는지 아니면 악착같이 모으려고만 하는지, 생전에 재산을 현명하게 관리하는지 아니면 자손에게 모두 유산으로 남기는지에 대해서도 대중은 분별할 줄 안다. 모범적이고 깨어 있는 시민들의 생각이 바로 판단의 기준이 된다. 사람들은 이를 판단할 것이고 그들이 잘못 판단하는 경우는 좀처럼 보기 힘들다.

It is more difficult to give money away intelligently
than to earn it in the first place.

지혜롭게 기부하는 것은
돈을 버는 것보다 더 어렵다.

부자로 죽는 것은 수치다

+

내 책 『부의 복음』은 미국뿐 아니라 영국에서도 뜨거운 관심을 받았다. 영국은 자본주의 역사가 미국보다 긴 만큼 사회주의 사상 논쟁이 더 활발했기 때문이다. 그중 한 신문은 내 글에 제기된 반론을 정리했다.

"카네기에 따르면 막대한 부는 공동체에 크나큰 축복이다. 그 부로 이런저런 선행을 펼치기 때문이다. 하지만 막대한 부는 크나큰 저주이기도 하다. 사람들이 그 돈으로 이런저런 악행을 저지르기 때문이다."

이 반론에는 다음과 같이 답변하는 게 자명해 보인다. 인간의 행위는 기독교 복음 역시 망가뜨린다. 사람들이 복음을 실천하지 않는다는 점은 복음 자체를 반박하는 논거가 될 수 없다. 오히려 이는 복음의 정당성을 뒷받침하는 근거가 된다. 복음은 당연히 보통 사람들의 기준보다 더 높은 이상을 제시하기 때문이다.

사람들이 법을 위반한다는 사실 역시 그 법을 반대하

는 논거가 될 수 없다. 사람들이 법을 어기기 때문에 오히려 법을 제정하고 유지하는 것이며, 사람들이 절대 어기지 않을 법이라면 애초에 필요하지도 않다.

나는 『부의 복음』에서 거대한 부를 올바로 쓰는 법은 오직 하나뿐이라고 강조했다. 즉 부자들은 살아 있을 때 틈틈이 재산을 관리해야 하고, 그 부의 기반이 되는 지역사회가 영구히 누릴 이익을 제공해야 한다. 얼마든지 공공을 위해 쓸 수 있음에도 재산을 그대로 쌓아놓고 죽는 사람을 향해 머지않아 대중은 이렇게 손가락질할 것이라고도 덧붙였다.

"부자로 죽는 것은 수치스러운 일이다."

지혜롭게 베푸는 부자가 세상을 바꾼다

✢

나는 어떻게 하면 공익을 위해 잉여 재산을 제대로 관리할 수 있는지 그 방법을 제시하고자 한다. 부의 복음을 받아들여 자신에게 부를 관리할 임무가 있음을 인정한다면, 신탁관리인으로서 갖출 첫 번째 요건은 수혜자들에게 굴욕감을 주지 않으면서도 의존성을 키우지 않도록 원조하는 것이다. 가난한 사람 중에서도 더 나은 삶을 위해 열심히 노력하는 사람들을 원조해야 한다. 빈곤에서 벗어날 의지도 없고 꿈도 없는 사람들에게는 자선 활동이 실질적으로 보탬이 되지 않는다.

무엇보다 중요한 문제는 가난하지만 성실하고 열심히 사는 사람들과 구제불능 상태에 있는 사람들을 떨어뜨려 놓는 일이다. 구제불능 상태에 있는 사람들 때문에 성실한 사람들의 의욕이 꺾일 수 있어서다.

잉여 재산을 관리하는 사람은 성실히 자기 포부를 향해 나아가는 사람들을 도와야 한다. 하나부터 열까지 챙겨야 하는 사람들은 자선의 대상이 아니다. 반면에 스스로 문제를 해결하려는 사람들은 도움을 받을 자격이 있다. 이들은 도움의 손길 속에서 삶의 기회를 찾고, 자선가의 지원을 받아 새로운 단계로 도약할 힘을 얻는다.

지속적으로 공동체 발전과 연계되는 자선 사업을 실행하려면 우리가 명심할 게 있다. 무분별한 자선이야말로 올바른 자선 활동을 가로막는 가장 큰 장애물 가운데 하나라는 사실이다. 따라서 백만장자는 자신이 납득할 만큼 자격이 충분하지 않은 대상에는 기부를 중단하기로 결심할 의무가 있다.

오늘날 이른바 자선이라는 명목으로 쓰이는 돈 1천 달러 중에 950달러는 차라리 바다에 던져버리는 편이 낫다. 내가 부자들을 경험한 바로는 넘치는 재산을 이른바 자선 사업에 기부하라고 부자들을 굳이 재촉할 필요가 없다. 오히려 해악을 끼치는 충동적인 기부를 중단하는 쪽이 인류 전체에게 더 큰 도움이 된다.

막대한 잉여 재산을 소유한 사람들은 매년 수백만 달러를 기부하지만, 이는 선보다 악을 더 많이 낳고, 사람들의 성장을 저해한다. 왜냐하면 오늘날 유행하는 구제 방식은 가난한 이들의 의존성을 심화시키는 경향이 있기 때문이다. 사람들이 성장하기를 바란다면 자기 힘과 노력으로 살아가겠다는 의지를 진작해야 한다.

고대 그리스의 역사가가 기록한 이야기가 있다. 한 걸인이 어느 사람에게 구걸하자 그 사람이 대답했다.

"내가 지금 적선하면 당신은 앞으로 더 많은 것을 구걸하게 됩니다. 당신에게 처음 돈을 준 사람이 그대를 게으르게 만들었고, 그랬기에 지금 이렇게 욕되고 비루하게 사는 것입니다."

지금까지 논의한 내용을 염두에 두고 백만장자가 잉여 재산을 적절하게 운용하려면 어떻게 해야 하는지 몇 가지 제안하겠다. 우선, 대학과 도서관을 설립하거나 지원하라. 학문과 지식은 아무리 지원해도 모자라다. 병원과 의료 연구 기관, 공원과 문화 공간, 공연장과 체육 시설도 좋은 선택이다.

중요한 것은 방법이 아니다. 지역 사회가 시설을 유지하고 발전시킬 의지가 있는 곳에, 스스로 돕는 자를 돕는 방식으로, 공동체가 스스로 일어서도록 돕는 것이다.

사회를 더 나은 곳으로 만드는 데 기여하는 건 백만장

자들만의 특권이 아니다. 생활비를 충당하고도 여유가 있는 분들은 누구나 이런 특권을 나눌 수 있다. 설령 돈이 없더라도 이웃을 위해 시간을 낼 수 있다면, 그 시간은 돈만큼이나 중요하고 때로는 돈보다 더 값지다.

스스로 돕는 자를 도와라
+

잉여 재산을 가장 바람직하게 처분하는 방법은 이미 앞서 말했다. 재산을 현명하게 운용하고 싶은 사람은 그 쓰임새를 판단할 때 신중하고 또 신중해야 한다. 인류 사회의 발전을 저해하는 심각한 장애물 중 하나가 바로 무분별한 자선이기 때문이다. 수백만 달러를 자격 없는 자들에게 나눠 주어 게으름뱅이와 술꾼이 되기를 부추기는 것보다 차라리 바다에 던져버리는 쪽이 인류에게는 훨씬 나은 길이다.

자선을 베풀 때 가장 중요한 건 스스로 돕는 자를 돕

는 것이다. 자기 삶을 개선하고 싶은 사람들이 그 일을 하는 데 필요한 도구를 제공하는 것이 좋다. 성장하고 싶은 사람들이 딛고 올라갈 수 있는 발판을 제공해야 한다. 어디까지나 옆에서 거들뙤 모든 걸 다 해주는 것은 금물이다. 무작정 돈을 나눠주는 방식으로는 개인이나 사회가 발전할 수 없다.

다른 사람의 도움을 받을 자격이 있는 사람들은 몇몇 특수한 사례를 제외하고 웬만해선 남의 도움이 필요 없다. 우리 사회에 진정으로 가치가 있는 사람은 갑작스러운 사고나 불운이 닥치는 상황이라면 모를까 결코 남에게 손을 내밀지 않는다. 물론 잠깐의 고비만 넘고 나면 번듯하게 일어설 사람들도 있을 것이다. 그런 사람들에게는 도움의 손길을 내밀어야 한다. 어디까지 그 사람을 돕는 게 좋을지 한도를 정하는 일은 각 개인의 사정을 얼마나 잘 아느냐에 따라 달라진다.

세상을 제대로 바꾸려면 도움받을 자격이 있는 사람을 열심히 돕는 일도 중요하지만 무엇보다도 도움받을 자격이 없는 사람을 원조하지 않도록 조심해야 한다. 어쩌면 후자가 더 중요할지도 모른다. 선량한 사람을 원조할 때 생기는 유익보다 불량한 사람을 원조할 때 사회에 미칠 해악이 더 크기 때문이다.

No man becomes rich unless
he enriches others.

다른 사람을 부유하게 하지 않고서는
아무도 부자가 될 수 없다.

베풀수록 더 큰 부가 돌아오는 이유

+

앞서 말한 이유를 고려할 때 부자들은 다음의 본보기를 따르는 게 좋다. 피터 쿠퍼, 볼티모어의 이녹 프랫, 브루클린의 찰스 프랫, 스탠포드 상원의원이 대표적이다. 이들은 모두 지역 사회에 가장 도움이 되는 방법이 무엇인지 잘 알고 있었다.

이들은 학교와 무료 도서관을 만들고, 공원을 조성하고, 몸과 마음을 단련할 수 있는 시설을 지원했다. 박물관에 예술품을 기증해 대중의 취향을 높이고, 여러 공공 기관들을 세워 사람들의 생활 여건을 개선했다. 자신들의 잉여 재산을 사회에 환원할 때 지역 사회와 이웃 공동체를 오래도록 이롭게 하는 방식을 선택한 것이다.

빈부 격차 문제를 해결할 방법이 여기에 있다. 현재 우리 사회의 근간인 축적의 법칙에 인위적으로 개입하지 말아야 하고 시장의 분배 법칙 또한 자유롭게 작동해야 한다. 아울러 이전과 변함없이 개인주의를 보장하되 백만장자들은 가난한 이웃을 위해 수탁 업무를 맡아야 한다. 부자의 잉여 재산은 사실상 공동체의 재산이며 부자는 이를 한시적으로 위탁받은 관리자로서 지역 사회가 관리하는 것보다 훨씬 더 효과적으로 자금을 운용할 책임이 있다.

우리 사회와 인류는 진보할 것이고 뛰어난 지성인들은 중요한 깨달음을 얻을 것이다. 분별력과 양심이 있는 사람이라면 막대한 잉여 재산을 쌓았을 때 이 돈을 매년 공익을 위해 쓰는 방법 외에는 자신의 이름을 떳떳하게 지킬 방법이 없음을 말이다.

변화의 조짐이 이미 나타나고 있다. 자본이 묶여 있어 생전에 처리하지 못하고 사업체 지분을 그대로 보유한 채로 세상을 떠나고 그 재산이 사후에야 공익사업에 쓰인다면 사람들의 비난으로부터 안전할지 모른다.

하지만 머지않아 새로운 시대가 열린다. 부자가 생전에 자유롭게 처분할 수 있었음에도 막대한 재산을 쌓아두기만 하다가 세상을 떠난다면 그 부자를 '아무도 애도하지 않고, 아무도 기리지 않으며, 아무도 칭송하지 않는' 세상이 올 것이다. 어차피 저세상으로 가져갈 수 없어서 남겨진 재산이 나중에 어떤 용도로 쓰이든 간에 그런 부자들을 향해 대중은 다시 한번 이렇게 평결할 것이다. "부자로 죽는 것은 수치다."

이게 바로 내가 전하는 부의 복음이다. 사람들이 이 가르침을 따른다면 언젠가는 빈부의 격차가 사라지고, 땅에는 평화가 넘치고, 사람들에게는 은총이 내릴 것이다.

내가 전하는 부의 복음은 그리스도의 말씀과 일맥상통한다. 백만장자는 흙으로 돌아가기 전에 소유한 재산을 처분해 직접 관리하며 가난한 이들을 위해 선용해야 한다. 그러면 쓸모없이 돈만 쌓아둔 천박한 부자로 죽음을 맞이할 일은 없다.

만약 당신이 부의 복음을 실천했다면, 돈 한 푼 없는 가난뱅이로 세상을 떠나더라도 이웃이 전하는 사랑과 감사와 존경 속에서 마음은 수십 배 더 부유해진다. 무엇보다 마음 깊은 곳에서 들려오는 작은 목소리가 당신을 위로할 것이다. 왜냐하면 당신의 삶으로 이 세상을 조금이라도 더 살기 좋은 곳으로 만들었기 때문이다.

한 가지는 분명하다. 이런 부자라면 천국 문 앞에서 어떤 장애물도 만나지 않을 것이다.

To try and make the world in some way better than
you have found is to have a noble motive in life.

세상을 조금이라도 더 나은 곳으로 만들려는 시도,
이것이 인생의 고귀한 동기다.

옮긴이 이주만
서강대학교 대학원 영어영문과를 졸업했으며, 현재 번역가들의 모임인 (주)바른번역의 회원으로 활동 중이다. 옮긴 책으로는 『과로사회』, 『강인함의 힘』, 『감정, 관계, 문화』, 『번아웃 로그아웃』 등이 있다.

어떻게 부를 얻을 것인가

초판 1쇄 발행 2025년 12월 17일

지은이 앤드루 카네기
옮긴이 이주만
펴낸이 김선준

편집이사 서선행
책임편집 천혜진 **편집1팀** 이주영, 김송은
디자인 김세민
마케팅팀 권두리, 이진규, 신동빈
홍보팀 조아란, 장태수, 이은정, 권희, 박미정, 조문정,
　　　　이건희, 박지훈, 송수연, 김수빈, 현유진, 정지호
경영관리팀 송현주, 윤이경, 임해랑, 정수연

펴낸곳 페이지2북스
출판등록 2019년 4월 25일 제 2019-000129호
주소 서울시 영등포구 여의대로 108 파크원타워1, 28층
전화 070)4203-7755 **팩스** 070)4170-4865
이메일 page2books@naver.com
종이 ㈜월드페이퍼 **인쇄·제본** 한영문화사

ISBN 979-11-6985-174-9 03190

- 책값은 뒤표지에 있습니다.
- 파본은 구입하신 서점에서 교환해 드립니다.
- 이 책은 저작권법에 의하여 보호를 받는 저작물이므로 무단 전재와 복제를 금합니다.
- 이 책은 앤드루 카네기의 대표 저서 『The Gospel of Wealth』와 『The Empire of Business』에서 현대 독자에게 의미 있는 내용을 추려서 재구성한 편집본입니다.